N4 5

일본어
능력시험
파이널
테스트

허성미
나카자와 유키 공저

JLPT
FINAL
TEST

다락원

JLPT
FINAL TEST N4·5

지은이 허성미, 나카자와 유키
펴낸이 정규도
펴낸곳 (주)다락원

초판 1쇄 인쇄 2022년 4월 14일
초판 1쇄 발행 2022년 4월 26일

편집총괄 송화록
책임편집 김은경
디자인 장미연, 이승현

다락원 경기도 파주시 문발로 211
내용문의: (02)736-2031 내선 460~466
구입문의: (02)736-2031 내선 250~252
Fax: (02)732-2037
출판등록 1977년 9월 16일 제406-2008-000007호

값 16,000원
ISBN 978-89-277-1258-9 14730
        978-89-277-1254-1 (set)

http://www.darakwon.co.kr

- 다락원 홈페이지를 방문하면 상세한 출판 정보와 함께 동영상강좌, MP3 자료 등 다양한 어학 정보를 얻을 수 있습니다.
- 다락원 홈페이지 또는 표지의 QR코드를 스캔하면 MP3 파일 및 관련 자료를 다운로드 할 수 있습니다.

머리말

N4·5의 합격 여부는 얼마만큼 실전에서 실력을 발휘할 수 있느냐가 중요하다고 생각합니다. 그동안 기초수업에서 그리고 그 밖의 수업들에서 공부했던 어휘, 문법들을 문제 속에서 얼마만큼 잘 적용하고 실전에서 발휘하는지가 중요합니다.

따라서 JLPT N4·5의 실제 기출문제에 포커스를 맞춘 그런 교재가 필요합니다.

이 책은

· **최신 기출 문제를 바탕으로 만들어졌습니다.**

· **실제 시험에서 출제된 어휘를 골고루 활용하였습니다.**

· **실제 시험과 같은 형식으로 구성하였습니다.**

이 책은 JLPT N4·5의 2010년 1회부터 최근까지 시험에 출제된 문제를 토대로 출제 경향 및 문제 유형을 분석하여 문제에 반영하였습니다. 따라서 JLPT 시험 합격을 목표로 하는 학습자가 최대한 실제 시험처럼 느끼며 대비할 수 있도록 문제를 구성하였습니다.

JLPT 합격을 위해서는 같은 문제를 반복적으로 풀어보는 연습이 중요합니다. 처음 문제를 풀 때는 실전 연습을 하는 모의고사 교재로서, 두 번째로 문제를 풀 때는 오답 정리 교재로서, 세 번째로 문제를 풀 때는 활용된 어휘를 확인하고 점검하는 교재로서 활용한다면 단기간에 꼭 원하는 점수로 합격하실 수 있다고 확신합니다.

다락원과 저자는 여러분들의 합격을 진심으로 기원합니다.

저자 **허성미**(나루미), **나카자와 유키**

JLPT FINAL TEST

JLPT(일본어능력시험)에 대하여

1 JLPT의 레벨

N1, N2, N3, N4, N5로 나뉘어져 있으며 수험자가 자신에게 맞는 레벨을 선택한다. 각 레벨에 따라 N1~N2는 언어지식(문자·어휘·문법)·독해, 청해의 두 섹션으로, N3~N5는 언어지식(문자·어휘), 언어지식(문법)·독해, 청해의 세 섹션으로 나뉘어져 있다.

시험 과목과 시험 시간 및 인정기준은 다음과 같으며, 인정기준을 「읽기」, 「듣기」의 언어 행동으로 나타낸다. 각 레벨에는 이들 언어행동을 실현하기 위한 언어지식이 필요하다.

레벨	과목별 시간		인정기준
	유형별	시간	
N1	언어지식(문자·어휘·문법) 독해	110분	**폭넓은 장면에서 사용되는 일본어를 이해할 수 있다.**
	청해	60분	【읽기】 신문의 논설, 논평 등 논리적으로 약간 복잡한 문장이나 추상도가 높은 문장 등을 읽고, 문장의 구성과 내용을 이해할 수 있으며, 다양한 화제의 글을 읽고 이야기의 흐름이나 상세한 표현의도를 이해할 수 있다.
	계	170분	【듣기】 자연스러운 속도의 체계적 내용의 회화나 뉴스, 강의를 듣고, 내용의 흐름 및 등장인물의 관계나 내용의 논리구성 등을 상세히 이해하거나 요지를 파악할 수 있다.
N2	언어지식(문자·어휘·문법) 독해	105분	**일상적인 장면에서 사용되는 일본어의 이해에 더해, 보다 폭넓은 장면에서 사용되는 일본어를 어느 정도 이해할 수 있다.**
	청해	50분	【읽기】 신문이나 잡지의 기사나 해설, 평이한 평론 등, 논지가 명쾌한 문장을 읽고 문장의 내용을 이해할 수 있으며, 일반적인 화제에 관한 글을 읽고 이야기의 흐름이나 표현의도를 이해할 수 있다.
	계	155분	【듣기】 자연스러운 속도의 체계적 내용의 회화나 뉴스를 듣고, 내용의 흐름 및 등장인물의 관계를 이해하거나 요지를 파악할 수 있다.
N3	언어지식(문자·어휘)	30분	**일상적인 장면에서 사용되는 일본어를 어느 정도 이해할 수 있다.**
	언어지식(문법)·독해	70분	【읽기】 일상적인 화제에 구체적인 내용을 나타내는 문장을 읽고 이해할 수 있으며, 신문 기사 제목 등에서 정보의 개요를 파악할 수 있다. 일상적인 장면에서 난이도가 약간 높은 문장은 대체 표현이 주어지면 요지를 이해할 수 있다.
	청해	40분	【듣기】 자연스러운 속도의 체계적 내용의 회화를 듣고, 이야기의 구체적인 내용을 등장인물의 관계 등과 함께 거의 이해할 수 있다. 내용을 등장인물의 관계 등과 함께 거의 이해할 수 있다.
	계	140분	
N4	언어지식(문자·어휘)	25분	**기본적인 일본어를 이해할 수 있다.**
	언어지식(문법)·독해	55분	【읽기】 기본적인 어휘나 한자로 쓰여진, 일상생활에서 흔하게 일어나는 화제의 문장을 읽고 이해할 수 있다.
	청해	35분	【듣기】 일상적인 장면에서 다소 느린 속도의 회화라면 내용을 거의 이해할 수 있다.
	계	115분	
N5	언어지식(문자·어휘)	20분	**기본적인 일본어를 어느 정도 이해할 수 있다.**
	언어지식(문법)·독해	40분	【읽기】 히라가나나 가타카나, 일상생활에서 사용되는 기본적인 한자로 쓰여진 정형화된 어구나 문장을 읽고 이해할 수 있다.
	청해	30분	【듣기】 일상생활에서 자주 접하는 장면에서 느리고 짧은 회화라면 필요한 정보를 얻어낼 수 있다.
	계	90분	

※N3 ～ N5 의 경우, 1교시에 언어지식(문자·어휘)과 언어지식(문법)·독해가 이어서 실시된다.

2 시험 결과의 표시

레벨		득점 구분	득점 범위
N1		언어지식(문자·어휘·문법)	0 ~ 60
		독해	0 ~ 60
		청해	0 ~ 60
		종합득점	0 ~ 180
N2		언어지식(문자·어휘·문법)	0 ~ 60
		독해	0 ~ 60
		청해	0 ~ 60
		종합득점	0 ~ 180
N3		언어지식(문자·어휘·문법)	0 ~ 60
		독해	0 ~ 60
		청해	0 ~ 60
		종합득점	0 ~ 180
N4		언어지식(문자·어휘·문법)·독해	0 ~ 120
		청해	0 ~ 60
		종합득점	0 ~ 180
N5		언어지식(문자·어휘·문법)·독해	0 ~ 120
		청해	0 ~ 60
		종합득점	0 ~ 180

N1, N2, N3의 득점 구분은 '언어지식(문자·어휘·문법)', '독해', '청해'의 3구분이다.
N4, N5의 득점 구분은 '언어지식(문자·어휘·문법)·독해'와 '청해'의 2구분이다.

3 시험 결과 통지의 예

다음 예와 같이 ① '득점 구분 별 득점'과 득점 구분 별 득점을 합계한 ② '종합득점', 앞으로의 일본어 학습을 위한 ③ '참고 정보'를 통지한다. ③ '참고 정보'는 합격/불합격 판정 대상이 아니다.

*예 : N3을 수험한 Y씨의 '합격/불합격 통지서'의 일부 성적 정보 (실제 서식은 변경될 수 있다.)

① 득점 구분 별 득점			② 종합득점
언어지식 (문자·어휘·문법)	독해	청해	
50 / 60	30 / 60	40 / 60	120 / 180

③ 참고 정보	
문자·어휘	문법
A	C

A 매우 잘했음 (정답률 67% 이상)
B 잘했음 (정답률 34%이상 67% 미만)
C 그다지 잘하지 못했음 (정답률 34% 미만)

이 책의 구성과 특징

이 책은 2010년부터 시행된 JLPT(일본어능력시험) N4·5에 대비하기 위한 실전모의고사 문제집입니다. 출제 경향 및 문제 유형을 철저히 분석하여 문제에 반영하였고, 학습자가 JLPT 시험을 앞두고 실제 시험과 같은 형태로 구성한 문제를 직접 풀어 보며 시험에 익숙해질 수 있도록 하였습니다.

본책은 〈파이널 테스트 각 3회분〉과 〈채점표〉, 〈정답 및 청해 스크립트〉, 〈해답 용지〉로 이루어져 있으며, 다락원 홈페이지와 QR코드를 통해 〈청해 음성(MP3) 파일〉과 〈해설집(PDF) 파일〉을 제공합니다.

파이널 테스트

실제 시험과 동일한 형태의 실전모의고사를 각 3회분씩 실었습니다.
실제 시험과 똑같이 구성하여 문제 푸는 요령을 익히는 데에 도움이 됩니다.

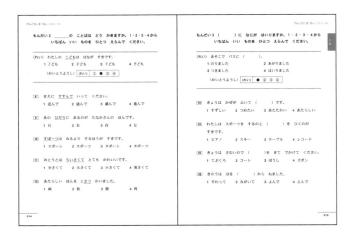

채점표

문제를 풀어보고 자신의 예상 점수를 확인할 수 있게끔 임의적으로 만든 채점표를 실었습니다.

※ 실제 시험은 상대 평가 방식이므로 오차가 발생할 수 있습니다.

정답 및 청해 스크립트

파이널 테스트의 정답과 청해 문제의
스크립트를 정리하였습니다.

해답 용지

파이널 테스트를 풀 때 필요한 해답 용지입니다.
실제 시험을 보듯 이를 활용하여 미리 해답 기재 요령을
익힐 수 있습니다.

학습 도우미 온라인 무료 다운로드

청해 음성(MP3)

파이널 테스트 청해 문제를 풀기 위한 음성
파일입니다.

■ **스마트폰**
스마트폰으로 QR코드를 스캔하면 다락원 홈페이지의
본책 페이지로 바로 이동합니다.
'MP3 듣기' 버튼을 클릭합니다. 모바일로 접속하면
회원 가입과 로그인 절차 없이 바로 MP3 파일을
듣거나 다운로드 받을 수 있습니다.

■ **PC**
다락원 홈페이지(www.darakwon.co.kr)에 접속하
여 검색창에 「JLPT 파이널 테스트」를 검색하면 자료실
에서 MP3 음성을 듣거나 다운로드 받을 수 있습니다.
간단한 회원 가입 절차가 필요합니다.

해설집(PDF)

학습자의 실력 향상에 도움
이 되기 위해 정확한 해석과
명쾌하고 친절한 해설을 실
었으며, 따로 사전을 찾지 않
아도 학습이 가능하도록 문제
에 나온 단어를 자세히 정리
하였습니다.

■ **스마트폰**
스마트폰으로 QR코드를 스캔하면 다락원 홈페이지의 본책 페이
지로 바로 이동합니다.
'자료실' 버튼을 클릭합니다. 모바일로 접속하면 회원 가입과 로그
인 절차 없이 바로 'JLPT 파이널 테스트 N4/5 해설집.pdf' 파일을
보거나 다운로드 받을 수 있습니다.

■ **PC**
다락원 홈페이지(www.darakwon.co.kr)에 접속하여 검색창에
「JLPT 파이널 테스트」를 검색하면 자료실에서 'JLPT 파이널 테
스트 N4/5 해설집.pdf' 파일을 보거나 다운로드 받을 수 있습니
다. 간단한 회원 가입 절차가 필요합니다.

목차

JLPT FINAL TEST N5

파이널 테스트 1회

N5 파이널 테스트 채점표

자신의 실력이 어느 정도인지 확인할 수 있도록 임의적으로 만든 채점표입니다.
실제 시험은 상대 평가 방식이므로 오차가 발생할 수 있습니다.

언어지식 (문자·어휘·문법)·독해

	문제	배점	만점	정답 문항 수	점수
문자·어휘	문제 1	1점×7문항	7		
	문제 2	1점×5문항	5		
	문제 3	1점×6문항	6		
	문제 4	1점×3문항	3		
문법	문제 1	1점×9문항	9		
	문제 2	1점×4문항	4		
	문제 3	1점×4문항	4		
독해	문제 4	8점×2문항	16		
	문제 5	8점×2문항	16		
	문제 6	9점×1문항	9		
	합계		79점		

*점수 계산법 : 언어지식(문자·어휘·문법)·독해 [   ]점÷79×120 = [   ]점

청해

	문제	배점	만점	정답 문항 수	점수
청해	문제 1	2점×7문항	14		
	문제 2	2점×6문항	12		
	문제 3	2점×5문항	10		
	문제 4	3점×6문항	18		
	합계		54점		

*점수 계산법 : 청해 [   ]점÷54×60 = [   ]점

*총점 : [   ]점

N5

げんごちしき（もじ・ごい）

（20ぷん）

ちゅうい
Notes

1. しけんが　はじまるまで、この　もんだいようしを　あけないで
　ください。

　　Do not open this question booklet until the test begins.

2. この　もんだいようしを　もって　かえる　ことは　できません。

　　Do not take this question booklet with you after the test.

3. じゅけんばんごうと　なまえを　したの　らんに、じゅけんひょうと
　おなじように　かいて　ください。

　　Write your examinee registration number and name clearly in each box below as written on your
　　test voucher.

4. この　もんだいようしは　ぜんぶで　7ページ　あります。

　　This question booklet has 7 pages.

5. もんだいには　かいとうばんごうの　1 、 2 、 3 …が　あります。
　かいとうは、かいとうようしに　ある　おなじ　ばんごうの　ところに
　マークして　ください。

　　One of the row numbers 1 , 2 , 3 … is given for each question. Mark your answer in the same
　　row of the answer sheet.

じゅけんばんごう　Examinee Registration Number	

なまえ　Name	

もんだい1　＿＿＿の　ことばは　ひらがなで　どう　かきますか。
　　　　　1・2・3・4から　いちばん　いい　ものを　ひとつ
　　　　　えらんで　ください。

（れい）　大きな　えが　あります。

　　　　1 おおきな　　　2 おきな　　　　3 だいきな　　　4 たいきな

　　　　（かいとうようし）　| （れい）　| ●　②　③　④ |

1　せんしゅうの　土よう日に　いもうとが　うまれました。

　　　1 かようび　　　2 どようび　　　3 すいようび　　4 にちようび

2　きょうしつに　がくせいが　一人　います。

　　　1 いちじん　　　2 いちにん　　　3 ひとり　　　　4 ふたり

3　きょうは　天気が　いいです。

　　　1 でんき　　　　2 ぶんき　　　　3 ふんき　　　　4 てんき

4　きのうは　ほんを　読みました。

　　　1 よみました　　2 やみました　　3 のみました　　4 こみました

5 <u>魚</u>は　すきではありません。

1　さかな　　　　2　たまご　　　　3　さけ　　　　4　やさい

6 いもうとは　ふくが　<u>多い</u>です。

1　おかしい　　　2　あおい　　　　3　おおい　　　　4　かわいい

7 ははに　<u>千円</u>を　もらいました。

1　せえん　　　　2　せねん　　　　3　せんえん　　　4　せんねん

もんだい2 ＿＿＿＿＿の　ことばは　どう　かきますか。1・2・3・4から
いちばん　いい　ものを　ひとつ　えらんで　ください。

（れい）　わたしの　こどもは　はなが　すきです。

1　了ども　　　　2　子ども　　　　3　干ども　　　　4　予ども

（かいとうようし）　| （れい） | ① ● ③ ④ |

8　まえに　すすんで　いって　ください。

1　近んで　　　　2　途んで　　　　3　過んで　　　　4　進んで

9　あの　ひだりに　あるのが　たなかさんの　ほんです。

1　石　　　　2　右　　　　3　在　　　　4　左

10　すぽーつは　みるより　するほうが　すきです。

1　スポーシ　　　2　スポーツ　　　3　ヌポーシ　　　4　ヌポーツ

11　おとうとは　ちいさくて　とても　かわいいです。

1　少さくて　　　2　大さくて　　　3　小さくて　　　4　美さくて

12　あたらしい　ほんを　2さつ　かいました。

1　両　　　　2　枚　　　　3　冊　　　　4　再

もんだい3 （　　　　）に　なにが　はいりますか。1・2・3・4から
　　　　　いちばん　いい　ものを　ひとつ　えらんで　ください。

（れい）　あそこで　バスに　（　　　　）。

　　　1 のりました　　　　　　　　　2 あがりました
　　　3 つきました　　　　　　　　　4 はいりました

　　　（かいとうようし）　| （れい） | ● ② ③ ④ |

13　きょうは　かぜが　ふいて　（　　　　）です。

　　　1 すずしい　　　2 つめたい　　　3 あたたかい　　4 あたらしい

14　わたしは　スポーツを　するのと　（　　　　）を　ひくのが
　　　すきです。

　　　1 ピアノ　　　　2 スキー　　　3 テーブル　　　4 レコード

15　きょうは　さむいので　（　　　　）を　きて　でかけて　ください。

　　　1 てぶくろ　　　2 コート　　　3 ぼうし　　　　4 ズボン

16　きのうは　はを　（　　　　）から　ねました。

　　　1 すわって　　　2 みがいて　　　3 よんで　　　　4 とんで

17　あの　レストランの　りょうりは　ねだんが　（　　　　）です。

　　1　おいしい　　　2　にぎやか　　　3　じょうず　　　4　たかい

18　まいにち　あたらしい　ことばを　（　　　　）。

　　1　もちます　　　2　なります　　　3　おぼえます　　4　つとめます

もんだい4 ＿＿＿＿＿の　ぶんと　だいたい　おなじ　いみの　ぶんが
あります。1・2・3・4から　いちばん　いい　ものを
ひとつ　えらんで　ください。

（れい）　ここは　でぐちです。いりぐちは　あちらです。

　　　1　あちらから　でて　ください。

　　　2　あちらから　おりて　ください。

　　　3　あちらから　はいって　ください。

　　　4　あちらから　わたって　ください。

　　　（かいとうようし）　| （れい） | ①　②　●　④ |
　　　| --- | --- |

19　たなかさんの　いえは　うちの　きんじょです。

　　　1　たなかさんは　うちの　ちかくに　すんで　います。

　　　2　たなかさんは　うちの　とおくに　すんで　います。

　　　3　たなかさんは　うちの　くにへ　すんで　います。

　　　4　たなかさんは　うちの　いえに　すんで　います。

20 としょかんは　あした　やすみです。

1 としょかんは　あした　あいて　います。

2 としょかんは　あした　こんで　います。

3 としょかんは　あした　すいて　います。

4 としょかんは　あした　しまって　います。

21 えきの　まえで　りょうしんを　まって　います。

1 えきの　まえで　あねと　いもうとを　まって　います。

2 えきの　まえで　ちちと　ははを　まって　います。

3 えきの　まえで　あにと　おとうとを　まって　います。

4 えきの　まえで　そふと　そぼを　まって　います。

N5

言語知識（文法）・読解
げ ん ご ち し き　　ぶん ぽう　　　　どっ かい

（40ぷん）

ちゅうい
Notes

1. 試験が始まるまで、この問題用紙をあけないでください。
   し けん　 はじ　　　　　　　　もんだいようし
   Do not open this question booklet until the test begins.

2. この問題用紙を持ってかえることはできません。
   もんだいよう し　 も
   Do not take this question booklet with you after the test.

3. 受験番号となまえをしたの欄に、受験票とおなじようにかいて
   じゅけんばんごう　　　　　　　　　　らん　　じゅけんひょう
   ください。
   Write your examinee registration number and name clearly in each box below as written on your test voucher.

4. この問題用紙は、全部で１２ページあります。
   もんだいよう し　　　　ぜん ぶ
   This question booklet has 12 pages.

5. 問題には解答番号の 1 、 2 、 3 …があります。
   もんだい　　かいとうばんごう
   解答は、解答用紙にあるおなじ番号のところにマークしてください。
   かいとう　　かいとうよう し　　　　　　　　ばんごう
   One of the row numbers 1 , 2 , 3 … is given for each question. Mark your answer in the same row of the answer sheet.

受験番号　Examinee Registration Number
じゅけんばんごう

なまえ　Name

もんだい1 （　　　　）に 何を 入れますか。1・2・3・4から いちばん いい ものを 一つ えらんで ください。

（れい） これ （　　　　） えんぴつです。

　　　　1 に　　　　　2 を　　　　　3 は　　　　　4 や

（かいとうようし）　| （れい）　| ①　② ●　④ |

---

1 今日は デパート （　　　　） かいものを しました。

　　1 が　　　　　2 で　　　　　3 に　　　　　4 の

2 A「あしたは なにを しますか。」

　　B「あしたは ともだち （　　　　） えいがかんに 行きます。」

　　1 と　　　　　2 は　　　　　3 へ　　　　　4 が

3 いくら さがしても 吉田さんは どこ （　　　　） いませんでした。

　　1 も　　　　　2 かも　　　　　3 にも　　　　　4 とも

4 まいにち 9時 （　　　　） 家を 出ます。

　　1 しか　　　　2 だけ　　　　3 など　　　　4 ごろ

5 ともだちの　家に　行く　（　　　　）　でんわを　かけます。

1 ちゅう　　　　2 まえに　　　　3 じゅう　　　　4 あと

6 A「しゅくだいは　（　　　　）　おわりましたか。」

B「いいえ、まだです。」

1 もう　　　　2 まだ　　　　3 ずっと　　　　4 ちょっと

7 けさは　時間が　（　　　　）　なかったので、　なにも　食べません
でした。

1 あまり　　　　2 ちょうど　　　　3 ときどき　　　　4 とても

8 みなさん、なまえは　おおきく　（　　　　）ましょう。

1 書き　　　　2 書か　　　　3 書く　　　　4 書こう

9 ヤン「イムさんの　そのかばん、いいですね。どこで　買いました
か。」

イム「あ、これは　母が　（　　　　）。」

1 あげました　　　　　　　　　2 もらいました

3 うりました　　　　　　　　　4 くれました

もんだい2　____★____　に　入（はい）る　ものは　どれですか。1・2・3・4から
　　　　　　いちばん　いい　ものを　一（ひと）つ　えらんで　ください。

（もんだいれい）

A　____　____　_★_　____　か。」
B「山田（やまだ）さんです。」

1　です　　　　　2　は　　　　　3　あの　人（ひと）　　　　4　だれ

（こたえかた）

1. ただしい　文（ぶん）を　つくります。

> A「　____　____　_★_　____　か。」
>
> 　　3　あの　人（ひと）　　2　は　　4　だれ　　1　です
>
> B「山田（やまだ）さんです。」

2. __★__ に　入（はい）る　ばんごうを　くろく　ぬります。

　　（かいとうようし）　| （れい） | ①　②　③　● |

10　A「お父さんは　背（せ）が　たかいですか。」

　　B「はい。　____　____　_★_　____。」

　　1　たかい　　　　2　より　　　　　3　わたし　　　　4　です

11 えいがを ＿＿＿＿ ＿＿＿＿ ＿★＿ ＿＿＿＿ のみましょう。

1 みた　　　　　2 おちゃ　　　　3 でも　　　　4 あとで

12 この　じしょは ＿＿＿＿ ＿＿＿＿ ＿★＿ ＿＿＿＿ おいて

ください。

1 使います　　　2 から　　　　　3 あとで　　　　4 ここに

13 A「＿＿＿＿ ＿＿＿＿ ＿★＿ ＿＿＿＿ か。」

B「いいえ、まだ　いちども　ありません。」

1 のった　　　　2 あります　　　3 ことが　　　　4 ひこうきに

もんだい3 14 から 17 に 何を 入れますか。ぶんしょうの いみを
かんがえて、1・2・3・4から いちばん いい ものを
一つ えらんで ください。

　　日本語を べんきょうして いる 学生が 「わたしの すきな もの」
の ぶんしょうを 書いて、クラスの みんなの 前で 読みました。

（1）メイさんの ぶんしょう

　　わたしは 花が すきです。日本にも たくさん 花屋さんが 14 、
高くて あまり 買う ことが できません。しかし、きのう 友だちに
たんじょうびの プレゼントで 花を もらいました。とても うれしかっ
たです。らいしゅうは 友だちの たんじょうびです。わたしも きれいな
花を プレゼント 15 あげたいです。

（2）トムさんの ぶんしょう

　　駅の ちかくに 大きい 図書館が あります。駅の ちかくなので
こうつうが べんりです。そして 本が たくさん あります。ぼくは
この 図書館で 本を 16 が すきです。ここは しずかだし、ぼくの
国の 17 あるので、しゅうまつは よく 本を 読む ために 行き
ます。

14

1 ありますが　　　　　　　2 ありませんが

3 ありますから　　　　　　4 ありませんから

15

1 が　　　　　2 は　　　　　3 の　　　　　4 で

16

1 読_よむ　こと　　　　　　2 読_よんだ　こと

3 読_よまない　こと　　　　　4 読_よまなかった　こと

17

1 本_{ほん}が　　　　　2 本_{ほん}は　　　　　3 本_{ほん}も　　　　　4 本_{ほん}の

もんだい4　つぎの　（1）と　（2）の　ぶんしょうを　読^よんで、しつもんに　こたえて　ください。こたえは、1・2・3・4から　いちばん　いい　ものを　一^{ひと}つ　えらんで　ください。

（1）

　わたしは　ことし　6月^{がつ}から、あたらしい　しごとを　して　います。前^{まえ}の　しごとは　土曜日^{どようび}が　やすみでは　ありませんでしたが、今^{いま}の　しごとは　土曜日^{どようび}も　日曜日^{にちようび}も　やすみですから、とても　いいです。

18　今^{いま}の　しごとは　どうですか。

　　1　土曜日^{どようび}も　日曜日^{にちようび}も　はたらきます。

　　2　土曜日^{どようび}だけ　はたらきます。

　　3　土曜日^{どようび}も　日曜日^{にちようび}も　やすみます。

　　4　日曜日^{にちようび}だけ　やすみます。

（2）

　まいにち　学校に　さいふを　もって　行きます。おひるごはんを　買う
ためです。きょうかしょは　学校に　あるので　もって　行きません。今日は
雨が　ふって　いますから　かさを　もって　行きます。

19　今日　学校に　もって　行く　ものは　どれですか。

もんだい5　つぎの　ぶんしょうを　読んで、しつもんに　こたえて　ください。こたえは、1・2・3・4から　いちばん　いい　ものを　一つ　えらんで　ください。

　わたしは　山田さんが　にくを　食べるのを　見た　ことが　ありません。いつも　やさいや　魚や　パンを　食べて　います。わたしは　山田さんに「どうしてですか」と　聞いて　みました。わたしは　にくが　大好きなので、とても　ふしぎに　思ったからです。

　山田さんは　にくが　きらいでは　なく、にくを　食べると　からだの　ちょうしが　わるく　なると　言いました。からだが　あかくなったり、せきが　でる　ことも　あるそうです。友だちと　いっしょに　しょくじを　する　ときに　メニューを　えらぶ　ことや、てんいんさんに　ひとつ　ひとつ　確認する　ことが　たいへんだそうです。でも、しらない　あいだに　にくの　はいった　食べ物を　食べて　しまう　ことが　ある　ので、それが　いちばん　たいへんだそうです。わたしは　今まで　その　ことを　しらなかったので、とても　びっくりしました。

1
回

20 山田さんは　どうして　にくを　食べませんか。

1 にくを　食べるのを　みた　ことが　ないから

2 にくが　きらいだから

3 からだが　あかく　なるから

4 しょくじを　する　友だちが　いないから

21 山田さんは　何が　いちばん　たいへんですか。

1 にくを　食べると　せきが　でる　こと

2 メニューを　えらぶ　こと

3 しらない　あいだに　にくを　食べて　しまう　こと

4 てんいんさんに　確認する　こと

もんだい6　右の　ページを　見て、下の　しつもんに　こたえて　くだ
　　　　　さい。こたえは　1・2・3・4から　いちばん　いい　ものを
　　　　　一つ　えらんで　ください。

22　たなか先生が　くる　日に　はいしゃに　いきたいです。いつ
　　行きますか。
　　1　5月3日　午前　10時
　　2　5月4日　午前　10時
　　3　5月5日　午後　3時
　　4　5月6日　午後　3時

さくら歯科びょういん

・さくら歯科びょういんは　5月1日(月)から　5月3日(水)

ま*での　3日間　やすみます。

・5月4日(木)から　6日(土)までは　下のように　なって　います。

	5月4日(木)	5月5日(金)	5月6日(土)
たなか先生	×	★	◆
きむら先生	◆	★	×

○　午前9時から　午後6時までです。

×　おやすみです。

◆　午前9時から　12時までです。

★　午後1時から　6時までです。

※　はの　けんこうの　ために、まいにち　はを　みがきましょう。

N5

ちょう　かい
聴解

ぷん
（30分）

ちゅう　い
注　意
Notes

1. し　けん　　はじ
試験が始まるまで、この問題用紙を開けないでください。
Do not open this question booklet until the test begins.

2. この問題用紙を持って帰ることはできません。
Do not take this question booklet with you after the test.

3. 受験番号と名前を下の欄に、受験票と同じように書いて
ください。
Write your examinee registration number and name clearly in each box below as written on your test voucher.

4. この問題用紙は、全部で14ページあります。
This question booklet has 14 pages.

5. この問題用紙にメモをとってもいいです。
You may make notes in this question booklet.

じゅけんばんごう 受験番号　Examinee Registration Number	

な　まえ 名前　Name	

もんだい１

　もんだい１では、はじめに　しつもんを　きいて　ください。それから　はなしを　きいて、もんだいようしの　１から４の　なかから、いちばん　いい　ものを　ひとつ　えらんで　ください。

れい

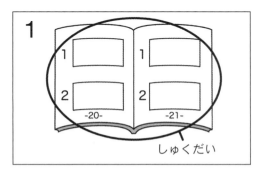

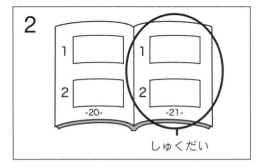

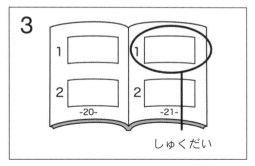

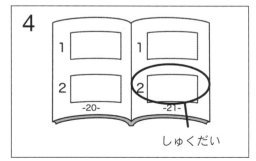

1 ばん

2 ばん

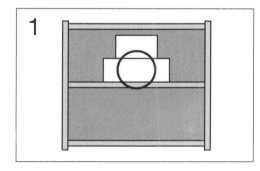

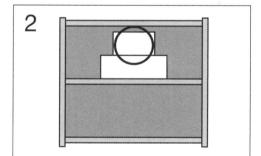

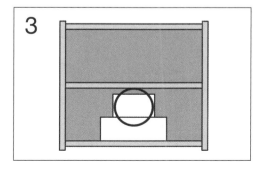

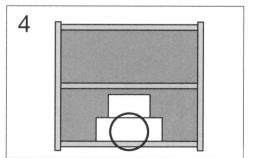

3 ばん

4 ばん

5 ばん

6 ばん

1 6じ

2 6じ　はん

3 7じ

4 7じ　はん

7 ばん

もんだい2

　もんだい2では、はじめに　しつもんを　きいて　ください。それから
はなしを　きいて、もんだいようしの　1から4の　なかから、いちばん
いい　ものを　ひとつ　えらんで　ください。

れい

1　としょかん

2　えき

3　デパート

4　レストラン

1 ばん

2 ばん

1 けっこんパーティーが　あるから

2 つまらないから

3 たかいから

4 ねつが　あるから

3 ばん

1 おいしく ないから

2 カレーが きらいだから

3 やすみたいから

4 いっしょに たべる ひとが いないから

4 ばん

1 ははと そぼ

2 ちちと そぼ

3 ちち

4 ちちと はは

5 ばん

6 ばん

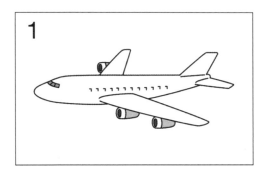

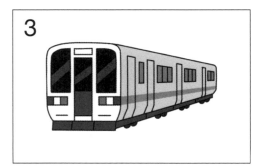

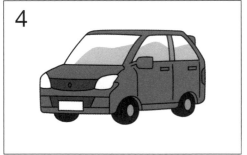

もんだい3

もんだい3では、えを　みながら　しつもんを　きいて　ください。
➡（やじるし）の　ひとは　なんと　いいますか。1から3の　なかから、
いちばん　いい　ものを　ひとつ　えらんで　ください。

れい

1 ばん

2 ばん

3 ばん

4 ばん

5 ばん

もんだい４

　　もんだい４は、えなどが　ありません。ぶんを　きいて、１から３の
なかから、いちばん　いい　ものを　ひとつ　えらんで　ください。

－メモ－

JLPT FINAL TEST N5

파이널 테스트 2회

N5 파이널 테스트 채점표

자신의 실력이 어느 정도인지 확인할 수 있도록 임의적으로 만든 채점표입니다.
실제 시험은 상대 평가 방식이므로 오차가 발생할 수 있습니다.

언어지식 (문자·어휘·문법)·독해

	문제	배점	만점	정답 문항 수	점수
문자·어휘	문제 1	1점×7문항	7		
	문제 2	1점×5문항	5		
	문제 3	1점×6문항	6		
	문제 4	1점×3문항	3		
문법	문제 1	1점×9문항	9		
	문제 2	1점×4문항	4		
	문제 3	1점×4문항	4		
독해	문제 4	8점×2문항	16		
	문제 5	8점×2문항	16		
	문제 6	9점×1문항	9		
	합계		79점		

*점수 계산법 : 언어지식(문자·어휘·문법)·독해 [   ]점÷79×120 = [   ]점

청해

	문제	배점	만점	정답 문항 수	점수
청해	문제 1	2점×7문항	14		
	문제 2	2점×6문항	12		
	문제 3	2점×5문항	10		
	문제 4	3점×6문항	18		
	합계		54점		

*점수 계산법 : 청해 [   ]점÷54×60 = [   ]점

*총점 : [   ]점

もんだいようし

N5
げんごちしき（もじ・ごい）
（20ぷん）

ちゅうい
Notes

1. しけんが　はじまるまで、この　もんだいようしを　あけないで　ください。

   Do not open this question booklet until the test begins.

2. この　もんだいようしを　もって　かえる　ことは　できません。

   Do not take this question booklet with you after the test.

3. じゅけんばんごうと　なまえを　したの　らんに、じゅけんひょうと　おなじように　かいて　ください。

   Write your examinee registration number and name clearly in each box below as written on your test voucher.

4. この　もんだいようしは　ぜんぶで　7ページ　あります。

   This question booklet has 7 pages.

5. もんだいには　かいとうばんごうの　1 、 2 、 3 …が　あります。　かいとうは、かいとうようしに　ある　おなじ　ばんごうの　ところに　マークして　ください。

   One of the row numbers 1 , 2 , 3 … is given for each question. Mark your answer in the same row of the answer sheet.

じゅけんばんごう　Examinee Registration Number	

なまえ　Name	

もんだい1 ＿＿＿＿の　ことばは　ひらがなで　どう　かきますか。1・
2・3・4から　いちばん　いい　ものを　ひとつ　えらんで
ください。

（れい）　大きな　えが　あります。

　　　　1 おおきな　　　2 おきな　　　　3 だいきな　　　4 たいきな

　　　（かいとうようし）　| （れい）　| ●　②　③　④ |

1　あした　図書館で　あいましょう。

　　1 どしょかん　　　　　　　　　2 としょうかん
　　3 とうしょがん　　　　　　　　4 としょかん

2　にほんには　四月に　いきます。

　　1 よんげつ　　　2 しがつ　　　　3 よんがつ　　　4 しげつ

3　この　くつは　すこし　小さいです。

　　1 くさい　　　　2 あさい　　　　3 うるさい　　　4 ちいさい

4　わたしは　毎朝　はしって　います。

　　1 めえあさ　　　2 まいあさ　　　3 まえあさ　　　4 めいあさ

5 こちらに 入って ください。

1 いれって　　2 いって　　　3 はいって　　4 はって

6 まいにち ぎゅうにゅうを 飲んで います。

1 たのんで　　2 すんで　　　3 のんで　　　4 やんで

7 えいがは 午後からです。

1 こご　　　　2 こごう　　　3 ごご　　　　4 ごごう

もんだい2 ＿＿＿＿の ことばは どう かきますか。1・2・3・4から
いちばん いい ものを ひとつ えらんで ください。

(れい) わたしの こどもは はなが すきです。

　　　1 了ども　　　　2 子ども　　　　3 干ども　　　　4 予ども

　　(かいとうようし)　| (れい) | ① ● ③ ④ |

8　はやしの なかを あるきました。

　　　1 森　　　　　2 協　　　　　3 休　　　　　4 林

9　こんど だいがくに はいります。

　　　1 大学　　　　2 台字　　　　3 大宇　　　　4 台学

10　あの かどを まがって ください。

　　　1 由がって　　　2 畑がって　　　3 田がって　　　4 曲がって

11　かいたい くだものが ありますか。

　　　1 竹物　　　　2 植物　　　　3 果物　　　　4 建物

12　つくえの うえに しんぶんが おいて あります。

　　　1 新文　　　　2 新聞　　　　3 新分　　　　4 新本

もんだい3 (　　　)に　なにが　はいりますか。1・2・3・4から　いちばん　いい　ものを　ひとつ　えらんで　ください。

(れい)　あそこで　バスに　(　　　　)。

　　　1 のりました　　　　　　　　2 あがりました

　　　3 つきました　　　　　　　　4 はいりました

　　　(かいとうようし)　| (れい) | ● ② ③ ④ |

13　ゆうがたまで　ともだちと　そとで　(　　　　)。

　　　1 つとめました　　　　　　　2 さきました

　　　3 あそびました　　　　　　　4 あびました

14　せんしゅう　ひっこしした　(　　　　)は　ひろくて　しずかです。

　　　1 ポケット　　　2 アパート　　　3 ベッド　　　　4 テレビ

15　ネットで　ひこうきの　(　　　　)を　よやくしました。

　　　1 きっぷ　　　　2 ろうか　　　3 がいこく　　　4 くうこう

16　まどを　あけたら　ゆきが　(　　　　)　いました。

　　　1 はれて　　　　2 ふって　　　3 くもって　　　4 ふいて

17 あさから ねつが あって （　　　　）を のみました。

　1 くすり　　　　2 いしゃ　　　　3 げんき　　　　4 びょうき

18 このうわぎは （　　　　） かるいので きやすいです。

　1 せまくて　　　2 ひろくて　　　3 うすくて　　　4 あつくて

もんだい4 ＿＿＿＿の ぶんと だいたい おなじ いみの ぶんが
あります。1・2・3・4から いちばん いい ものを
ひとつ えらんで ください。

───────────────────────────

(れい) <u>ここは でぐちです。いりぐちは あちらです。</u>

　　 1 あちらから でて ください。

　　 2 あちらから おりて ください。

　　 3 あちらから はいって ください。

　　 4 あちらから わたって ください。

　　 (かいとうようし) | (れい) | ① ② ● ④ |

───────────────────────────

19 まいあさ きっさてんに いきます。

　　 1 まいあさ ほんや ざっしを かいます。

　　 2 まいあさ コーヒーや ジュースを のみます。

　　 3 まいあさ やきゅうや サッカーを します。

　　 4 まいあさ やさいや くだものを たべます。

20 あたらしい　しごとは　かんたんです。

1 しごとは　やさしいです。

2 しごとは　むずかしいです。

3 しごとは　おもしろいです。

4 しごとは　つまらないです。

21 この　まちは　とても　せいけつです。

1 ここは　とても　きれいです。

2 ここは　とても　きたないです。

3 ここは　とても　にぎやかです。

4 ここは　とても　ちいさいです。

N5

言語知識（文法）・読解

（40ぷん）

ちゅうい
Notes

1. 試験が始まるまで、この問題用紙をあけないでください。
   Do not open this question booklet until the test begins.

2. この問題用紙を持ってかえることはできません。
   Do not take this question booklet with you after the test.

3. 受験番号となまえをしたの欄に、受験票とおなじようにかいてください。
   Write your examinee registration number and name clearly in each box below as written on your test voucher.

4. この問題用紙は、全部で１２ページあります。
   This question booklet has 12 pages.

5. 問題には解答番号の 1 、 2 、 3 …があります。
   解答は、解答用紙にあるおなじ番号のところにマークしてください。
   One of the row numbers 1 , 2 , 3 … is given for each question. Mark your answer in the same row of the answer sheet.

受験番号 Examinee Registration Number	

なまえ　Name	

もんだい１ （　　　　　）に　何を　入れますか。１・２・３・４から
　　　　　　いちばん　いい　ものを　一つ　えらんで　ください。

（れい）　これ（　　　　　）えんぴつです。

　　　　　１ に　　　　　　２ を　　　　　　３ は　　　　　　４ や

　　　　（かいとうようし）　| （れい） | ① ② ● ④ |

1　わたしは　ともだち（　　　　　）　ここで　まちます。

　　　１ を　　　　　　２ が　　　　　　３ で　　　　　　４ に

2　日本語クラスは　ぜんぶ（　　　　　）　１２人です。

　　　１ が　　　　　　２ の　　　　　　３ で　　　　　　４ を

3　A「もしもし、山田ですが、木下さん（　　　　　）　いますか。」
　　B「はい、すこし　待って　ください。」

　　　１ に　　　　　　２ を　　　　　　３ は　　　　　　４ と

4　A「大学（　　　　　）　バスで　どのぐらい　かかりますか。」
　　B「やく　３０分ほど　かかります。」

　　　１ ぐらい　　　　　２ では　　　　　３ だけ　　　　　４ まで

5 母は　（　　　　　）　プレゼントを　もらって　よろこんで　います。

1 すてき　　　　2 すてきだ　　　3 すてきな　　　4 すてきに

6 ともだちは　もう　（　　　　　）　来ると　思います。

1 だんだん　　　2 すぐ　　　　　3 ずっと　　　　4 ちょっと

7 A「あした　いっしょに　映画を　みませんか。」

　　B「すみません。あしたは　（　　　　　）。」

1 もう　　　　　2 ちょっと　　　3 まだ　　　　　4 ちょうど

8 A「けさは　（　　　　　）　食べましたか。」

　　B「いいえ。学校に　おくれて　何も　食べませんでした。」

1 何か　　　　　2 何が　　　　　3 どこか　　　　4 どこも

9 先週の　にちようびは　雨が　ふったので　どこへも　（　　　　　）。

1 行きました　　　　　　　　　2 行きます

3 行きませんでした　　　　　　4 行きません

もんだい2 ＿＿＿＿★＿＿＿に 入る ものは どれですか。1・2・3・4
から いちばん いい ものを 一つ えらんで ください。

（もんだいれい）

A ＿＿＿ ＿＿＿ ＿★＿ ＿＿＿ か。」
B「山田さんです。」

1 です 　　　2 は 　　　3 あの 人 　　　4 だれ

（こたえかた）

1. ただしい 文を つくります。

> A「 ＿＿＿ ＿＿＿ ＿★＿ ＿＿＿ か。」
>
> 3 あの 人 　2 は 　4 だれ 　1 です
>
> B「山田さんです。」

2. ★ に 入る ばんごうを くろく ぬります。

（かいとうようし） | (れい) | ① ② ③ ●

10 あの ＿＿＿ ＿＿＿ ＿★＿ ＿＿＿ おいしいです。

1 ケーキは 　2 みせ 　　3 やすくて 　　4 の

11　きのう ＿＿＿ ＿＿＿ ★ ＿＿＿ いま　お金^{かね}が

ありません。

1　かいもの　　　2　を　　　　　　　3　しまって　　　4　して

12　となりの　へやで ＿＿＿ ＿＿＿ ★ ＿＿＿ しずかに

して　ください。

1　いる　　　　　　2　ねて　　　　　　3　から　　　　　4　あかちゃんが

13　A「ぜんぶ　すてましたか。」

B「いいえ、＿＿＿ ＿＿＿ ★ ＿＿＿ すてました。」

1　なった　　　　2　もの　　　　　3　だけ　　　　　4　ふるく

もんだい3　14　から　17　に　何を　入れますか。ぶんしょうの　いみを
かんがえて、1・2・3・4から　いちばん　いい　ものを
一つ　えらんで　ください。

　日本語を　べんきょうして　いる　学生が　「きのう　した　こと」の
ぶんしょうを　書いて、クラスの　みんなの　前で　読みました。

（1）インスさんの　ぶんしょう

　きのうは　夜　12時まで　友だちと　おさけを　のみました。
ひさしぶりに　友だちに　14　、いっぱい　話して　たのしかったです。
15　けさは　おそく　おきて　しまって、あさごはんを　食べないで
学校に　来ました。

（2）スミスさんの　ぶんしょう

　きのう　いもうと　16　ケーキを　食べました。学校の　前に
おいしい　店が　できたので、家に　かえる　とき　ケーキを　4こ
買いました。ばんごはんの　あと、いもうとと　17　　2こずつ
食べました。とても　あまくて　おいしかったです。

14

1 くるので　　2 きたので　　3 あうので　　4 あったので

15

1 そして　　　2 そこで　　　3 それで　　　4 けれども

16

1 と　　　　　2 は　　　　　3 の　　　　　4 や

17

1 ふたりに　　2 ふたりも　　3 ふたりで　　4 ふたりの

**もんだい4　つぎの　（1）と　（2）の　ぶんしょうを　読んで、しつもんに
こたえて　ください。こたえは、1・2・3・4から　いちばん
いい　ものを　一つ　えらんで　ください。**

（1）

　これは　わたしの　友だちの　しゃしんです。友だちは　かみが　みじかい
です。そして　ズボンを　はいて　います。友だちは　スカートが　すきじゃ
ないので　いつも　ズボンを　はきます。

18　「友だち」は　だれですか。

（2）

先生が　学生に　おくった　メールです。

来週の　日本語テストは　きょうかしょの　13ページから　18ページ
までです。きょうかしょの　ことばを　よく　べんきょうして　おぼえて
ください。かんじの　もんだいは　ありません。

19　学生は　何を　べんきょう　しますか。

1　13ページと　18ページの　ことばです。

2　13ページと　18ページの　かんじです。

3　13ページから　18ページまでの　ことばです。

4　13ページから　18ページまでの　かんじです。

**もんだい5　つぎの　ぶんしょうを　読んで、しつもんに　こたえて
　　　　　ください。こたえは、1・2・3・4から　いちばん　いい
　　　　　ものを　一つ　えらんで　ください。**

　わたしは　絵を　かく　ことが　すきです。こどもの　とき、花や
木の　絵を　かくために　いつも　公園に　行きました。その　絵を
見せると　お母さんは「じょうずだね」と　言いました。とても
うれしかったです。それで　絵を　かく　ことが　すきに　なりました。

　お父さんと　わたしは　ときどき　びじゅつかんに　行きます。絵を
かく　ことも　すきですが、見る　ことも　たのしいです。今は　わたしの
部屋から　見える　たてものを　かいたり　歩いて　いる　人を　かいたり
します。

　学校にも　よく　行きます。学校の　まどから　見える　山と　川を
かくのが　いちばん　すきだからです。春や　秋や　冬も　いいですが、
夏が　いちばん　きれいだと　思います。

　わたしは　絵を　かく　しごとを　したいので、そのために　もっと
じょうずに　なりたいです。高校を　そつぎょうしたら　絵の　学校に
行く　つもりです。

20 「わたし」は どうして 絵が すきに なりましたか。

1 お母さんが 絵の しごとを して いるから

2 わたしの 絵を お母さんが「じょうずだね」と 言ったから

3 お父さんと いっしょに 絵を 見たから

4 絵の 学校に 行ったから

21 「わたし」は どんな 絵を かくのが いちばん すきですか。

1 花や 木

2 学校

3 人

4 山と 川

もんだい6　右の　ページを　見て、下の　しつもんに　こたえて　ください。こたえは、1・2・3・4から　いちばん　いい　ものを一つ　えらんで　ください。

22　りんさんは　図書館で　本を　さがす　ほうほうを　しりたいです。りんさんは　4月20日より　あとの　ごごに　じかんが　あります。りんさんは　どのコースに　でる　ことが　できますか。

1　Aコース　①

2　Aコース　②

3　Bコース　①

4　Bコース　②

図書館　4月の　イベント

	A コース		B コース	
	本を　さがす　ほうほうと　かりる　ほうほうを　おしえます。		レポートの　かきかたを　やさしく　おしえます。	
	①	②	①	②
ひにち	4/ 2 0 (木)	4/ 2 1 (金)	4/ 1 8 (火)	4/ 2 4 (月)
じかん	10:00 〜 11:00	13:00 〜 14:00	10:00 〜 11:30	15:00 〜 16:30

【あつまる　ばしょ】としょかんの　いりぐち

※　きまった　じかんまでに　図書館の　いりぐちに　きて　ください。
せつめいは　英語と　かんたんな　日本語で　します。

N5

<ruby>聴<rt>ちょう</rt></ruby><ruby>解<rt>かい</rt></ruby>

（30<ruby>分<rt>ぷん</rt></ruby>）

<ruby>注<rt>ちゅう</rt></ruby> <ruby>意<rt>い</rt></ruby>

Notes

1. <ruby>試験<rt>しけん</rt></ruby>が<ruby>始<rt>はじ</rt></ruby>まるまで、この<ruby>問題用紙<rt>もんだいようし</rt></ruby>を<ruby>開<rt>あ</rt></ruby>けないでください。
   Do not open this question booklet until the test begins.

2. この<ruby>問題用紙<rt>もんだいようし</rt></ruby>を<ruby>持<rt>も</rt></ruby>って<ruby>帰<rt>かえ</rt></ruby>ることはできません。
   Do not take this question booklet with you after the test.

3. <ruby>受験番号<rt>じゅけんばんごう</rt></ruby>と<ruby>名前<rt>なまえ</rt></ruby>を<ruby>下<rt>した</rt></ruby>の<ruby>欄<rt>らん</rt></ruby>に、<ruby>受験票<rt>じゅけんひょう</rt></ruby>と<ruby>同<rt>おな</rt></ruby>じように<ruby>書<rt>か</rt></ruby>いて

   ください。
   Write your examinee registration number and name clearly in each box below as written on your test voucher.

4. この<ruby>問題用紙<rt>もんだいようし</rt></ruby>は、<ruby>全部<rt>ぜんぶ</rt></ruby>で14ページあります。
   This question booklet has 14 pages.

5. この<ruby>問題用紙<rt>もんだいようし</rt></ruby>にメモをとってもいいです。
   You may make notes in this question booklet.

<ruby>受験番号<rt>じゅけんばんごう</rt></ruby> Examinee Registration Number	

<ruby>名前<rt>なまえ</rt></ruby> Name	

もんだい1

　もんだい1では、はじめに　しつもんを　きいて　ください。それから　はなしを　きいて、　もんだいようしの　1から4の　なかから、いちばん　いい　ものを　ひとつ　えらんで　ください。

れい

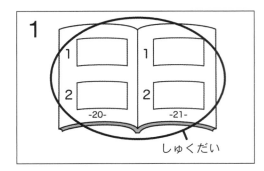

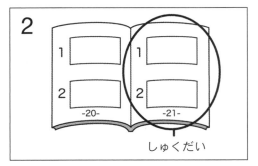

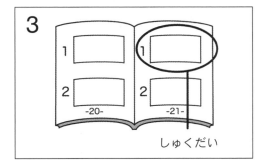

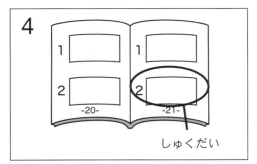

1 ばん

2 ばん

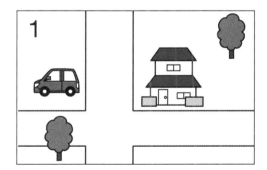

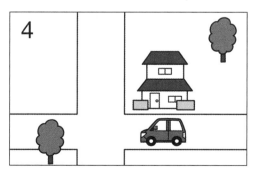

3 ばん

4 ばん

5 ばん

1 おとこの　ひとの　プレゼントを　かう

2 おとこの　ひとと　プレゼントを　えらぶ

3 おとこの　ひとの　おかあさんに　プレゼントを　する

4 おんなの　ひとの　おかあさんの　プレゼントを　えらぶ

6 ばん

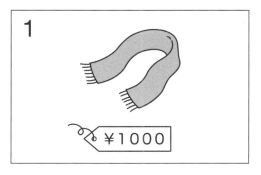

1 ￥1000

2 ￥8000

3 ￥3000

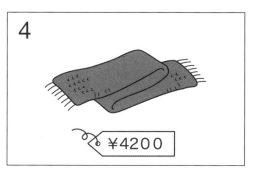

4 ￥4200

7 ばん

もんだい２

　もんだい２では、はじめに　しつもんを　きいて　ください。それから
はなしを　きいて、もんだいようしの　１から４の　なかから、いちばん
いい　ものを　ひとつ　えらんで　ください。

れい

1　としょかん

2　えき

3　デパート

4　レストラン

1 ばん

1 3にん

2 4にん

3 7にん

4 8にん

2 ばん

1 22さい

2 25さい

3 35さい

4 40さい

3 ばん

1 じかんが　ないから

2 かんじが　よめないから

3 ひらがなが　わからないから

4 カタカナが　むずかしいから

4 ばん

5 ばん

6 ばん

もんだい3

　もんだい3では、えを　みながら　しつもんを　きいて　ください。
➡（やじるし）の　ひとは　なんと　いいますか。1から3の　なかから、
いちばん　いい　ものを　ひとつ　えらんで　ください。

れい

1 ばん

2 ばん

3 ばん

4 ばん

5 ばん

もんだい4

　もんだい4は、えなどが　ありません。ぶんを　きいて、1から3の
なかから、いちばん　いい　ものを　ひとつ　えらんで　ください。

－ メモ －

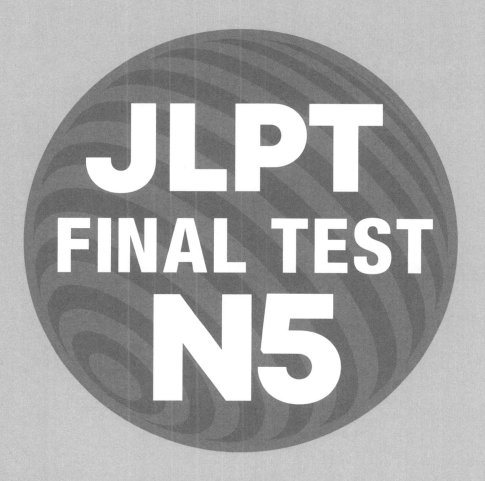

JLPT
FINAL TEST
N5

파이널 테스트 3회

N5 파이널 테스트 채점표

자신의 실력이 어느 정도인지 확인할 수 있도록 임의적으로 만든 채점표입니다.
실제 시험은 상대 평가 방식이므로 오차가 발생할 수 있습니다.

언어지식 (문자·어휘·문법)·독해

	문제	배점	만점	정답 문항 수	점수
문자·어휘	문제 1	1점×7문항	7		
	문제 2	1점×5문항	5		
	문제 3	1점×6문항	6		
	문제 4	1점×3문항	3		
문법	문제 1	1점×9문항	9		
	문제 2	1점×4문항	4		
	문제 3	1점×4문항	4		
독해	문제 4	8점×2문항	16		
	문제 5	8점×2문항	16		
	문제 6	9점×1문항	9		
합계			79점		

*점수 계산법 : 언어지식(문자·어휘·문법)·독해 [   ]점÷79×120 = [   ]점

청해

	문제	배점	만점	정답 문항 수	점수
청해	문제 1	2점×7문항	14		
	문제 2	2점×6문항	12		
	문제 3	2점×5문항	10		
	문제 4	3점×6문항	18		
합계			54점		

*점수 계산법 : 청해 [   ]점÷54×60 = [   ]점

*총점 : [   ]점

N5
げんごちしき（もじ・ごい）
（20ぷん）

ちゅうい
Notes

1. しけんが　はじまるまで、この　もんだいようしを　あけないで
ください。
Do not open this question booklet until the test begins.

2. この　もんだいようしを　もって　かえる　ことは　できません。
Do not take this question booklet with you after the test.

3. じゅけんばんごうと　なまえを　したの　らんに、じゅけんひょうと
おなじように　かいて　ください。
Write your examinee registration number and name clearly in each box below as written on your test voucher.

4. この　もんだいようしは　ぜんぶで　7ページ　あります。
This question booklet has 7 pages.

5. もんだいには　かいとうばんごうの　1、2、3…が　あります。
かいとうは、かいとうようしに　ある　おなじ　ばんごうの　ところに
マークして　ください。
One of the row numbers 1, 2, 3 … is given for each question. Mark your answer in the same row of the answer sheet.

じゅけんばんごう　Examinee Registration Number	

なまえ　Name	

もんだい1 _____の　ことばは　ひらがなで　どう　かきますか。
1・2・3・4から　いちばん　いい　ものを　ひとつ
えらんで　ください。

（れい）　<u>大きな</u>　えが　あります。

1　おおきな　　　2　おきな　　　　3　だいきな　　　4　たいきな

（かいとうようし）　| （れい）　| ●　②　③　④ |

1　きれいな　<u>海</u>ですね。

1　あめ　　　　2　いえ　　　　3　にわ　　　　4　うみ

2　ともだちと　<u>花見</u>に　いきます。

1　はなみ　　　2　かみ　　　　3　かぜみ　　　4　ゆきみ

3　がっこうの　<u>隣</u>は　としょかんです。

1　となり　　　2　あいだ　　　3　よこ　　　　4　うしろ

4　えんぴつを　<u>三本</u>　もらいました。

1　さんぽん　　2　さんぼん　　3　さんほん　　4　みつほん

5　あたらしい　まちは　えきが　とおくて　とても　<u>不便</u>です。

　　1　べんり　　　　2　ふべん　　　　3　ふへん　　　　4　ぺんり

6　<u>会社</u>は　どこに　ありますか。

　　1　かいしゃ　　　2　がいしゃ　　　3　かいしや　　　4　がいしや

7　ここで　<u>待って</u>　ください。

　　1　きって　　　　2　いって　　　　3　たって　　　　4　まって

3
회

もんだい2 ＿＿＿＿＿の　ことばは　どう　かきますか。1・2・3・4から
　　　　　　　いちばん　いい　ものを　ひとつ　えらんで　ください。

（れい）　わたしの　こどもは　はなが　すきです。

　　　　1 了ども　　　　2 子ども　　　　3 干ども　　　　4 予ども

　　　　（かいとうようし）　| （れい）　① ● ③ ④ |

8　田中さんは　おとうとと　住んで　います。

　　　　1 兄　　　　　2 妹　　　　　3 弟　　　　　4 父

9　にちようびに　来て　ください。

　　　　1 月よう日　　　2 日よう日　　　3 水よう日　　　4 土よう日

10　せんしゅう　にほんに　きました。

　　　　1 先月　　　　2 来週　　　　3 今週　　　　4 先週

11　この　店は　ふるい　店です。

　　　　1 新い　　　　2 安い　　　　3 高い　　　　4 古い

12　あたらしい　くつを　かいました。

　　　　1 買い　　　　2 賈い　　　　3 員い　　　　4 賣い

もんだい3 （　　　　）に　なにが　はいりますか。1・2・3・4から
　　　　　いちばん　いい　ものを　ひとつ　えらんで　ください。

（れい）　あそこで　バスに　（　　　　）。

　　　1 のりました　　　　　　　　　2 あがりました

　　　3 つきました　　　　　　　　　4 はいりました

　　　（かいとうようし）　| （れい）　| ●　②　③　④ |

13　友だちと　公園で　（　　　　）を　とりました。

　　　1 さんぽ　　　　　2 テーブル　　　　3 しゃしん　　　　4 ポケット

14　おとうさんは　新聞を　見る　とき、いつも　めがねを

　　　（　　　　）。

　　　1 かけます　　　2 のります　　　3 します　　　　4 かかります

15　けさ、コーヒーを　2（　　　　）　のみました。

　　　1 まい　　　　　2 はい　　　　　3 ぱい　　　　　4 ぼん

16　頭が　（　　　　）ので、がっこうを　やすみました。

　　　1 いたかった　　　　　　　　　2 あかるかった

　　　3 あつかった　　　　　　　　　4 いそがしかった

17　ごはんを　食べてから　おふろに　（　　　　）。

　　1　あびます　　　2　いれます　　　3　とります　　　4　はいります

18　家に　（　　　　）を　わすれて、今の　時間が　わかりません。

　　1　さいふ　　　　2　ぼうし　　　　3　とけい　　　　4　かばん

もんだい4 ＿＿＿＿の　ぶんと　だいたい　おなじ　いみの　ぶんが
あります。1・2・3・4から　いちばん　いい　ものを
ひとつ　えらんで　ください。

（れい）　ここは　でぐちです。いりぐちは　あちらです。

　　　1 あちらから　でて　ください。

　　　2 あちらから　おりて　ください。

　　　3 あちらから　はいって　ください。

　　　4 あちらから　わたって　ください。

　　　（かいとうようし）　| （れい） | ③　②　●　④ |

19　おがわさんは　ぎんこうに　つとめて　います。

　　　1 おがわさんは　ぎんこうで　れんしゅうして　います。

　　　2 おがわさんは　ぎんこうで　はたらいて　います。

　　　3 おがわさんは　ぎんこうで　べんきょうして　います。

　　　4 おがわさんは　ぎんこうで　ならって　います。

20 どようびは　よっかです。げつようびから　学校に　いきます。

1 いつかから　学校は　はじまります。

2 むいかから　学校は　はじまります。

3 なのかから　学校は　はじまります。

4 ようかから　学校は　はじまります。

21 くだものは　どこに　ありますか。

1 でんしゃや　バスは　どこに　ありますか。

2 ぎゅうにゅうや　コーヒーは　どこに　ありますか。

3 リンゴや　みかんは　どこに　ありますか。

4 えんぴつや　けしゴムは　どこに　ありますか。

N5

言語知識（文法）・読解
げんごちしき　　ぶんぽう　　どっかい

（40ぷん）

ちゅうい
Notes

1. 試験が始まるまで、この問題用紙をあけないでください。
   しけん　はじ　　　　　　　　もんだいようし
   Do not open this question booklet until the test begins.

2. この問題用紙を持ってかえることはできません。
   もんだいようし　も
   Do not take this question booklet with you after the test.

3. 受験番号となまえをしたの欄に、受験票とおなじようにかいて
   じゅけんばんごう　　　　　　　　らん　　じゅけんひょう

   ください。
   Write your examinee registration number and name clearly in each box below as written on your test voucher.

4. この問題用紙は、全部で１２ページあります。
   もんだいようし　　　ぜんぶ
   This question booklet has 12 pages.

5. 問題には解答番号の[1]、[2]、[3] …があります。
   もんだい　　かいとうばんごう
   解答は、解答用紙にあるおなじ番号のところにマークしてください。
   かいとう　　かいとうようし　　　　　　　ばんごう
   One of the row numbers [1], [2], [3] … is given for each question. Mark your answer in the same row of the answer sheet.

受験番号　Examinee Registration Number
じゅけんばんごう

なまえ　Name

もんだい1 （　　　　）に　何を　入れますか。1・2・3・4から　いちばん　いい　ものを　一つ　えらんで　ください。

（れい）　これ（　　　　）えんぴつです。

　　　　1　に　　　　　　2　を　　　　　　3　は　　　　　　4　や

　　　　（かいとうようし）　│（れい）　③　②　●　④│

1　明日の　ごご　3時（　　　　）　4時に　行きましょう。

　　　1　で　　　　　　2　に　　　　　　3　が　　　　　　4　か

2　学校まで　タクシー（　　　　）　来ました。

　　　1　を　　　　　　2　に　　　　　　3　で　　　　　　4　へ

3　バスは　毎朝　9時に　ここ（　　　　）　とおります。

　　　1　に　　　　　　2　を　　　　　　3　と　　　　　　4　へ

4　学生の　ときは　聞いて　いましたが、今は　（　　　　）
　　聞きません。

　　　1　だんだん　　　2　また　　　　　3　ぜんぜん　　　4　たくさん

5　きのう、友だちと　えいがを　見（　　　　）　いきました。

　　　1　も　　　　　　2　へ　　　　　　3　が　　　　　　4　に

6 きのうは　（　　　　　）　寒く　ありませんでした。

1 よく　　　　　　　2 とても　　　　　　3 あまり　　　　　4 たくさん

7 私は　くだものの　ジュースが　大好きです。そのなかでも

いちばん　（　　　　　）のは　オレンジ　ジュースです。

1 好きな　　　　　　2 好きだ　　　　　　3 好き　　　　　　4 好きで

8 A　「キムさん、大学の　夏やすみは　いつからですか。」

キム「あ、大学の　夏やすみは　もう　（　　　　　）。」

1 終わりたいです　　　　　　　　2 終わって　います

3 終わって　ください　　　　　　4 終わりました。

9 （本屋で）

店員　「いらっしゃいませ。」

客　　「あのう、あたらしく　でた　「すばらしい　日本語」と　いう

　　　本を　（　　　　　）が。」

1 買って　ください　　　　　　2 買います

3 買いましょう　　　　　　　　4 買いたいです

もんだい2 ＿＿＿★＿＿に 入る ものは どれですか。1・2・3・4から
いちばん いい ものを 一つ えらんで ください。

（もんだいれい）

A ＿＿＿ ＿＿＿ ＿★＿ ＿＿＿ か。」

B「山田さんです。」

1 です　　　　2 は　　　　3 あの 人　　　　4 だれ

（こたえかた）

1. ただしい 文を つくります。

> A「 ＿＿＿ ＿＿＿ ＿★＿ ＿＿＿ か。」
>
> 3 あの 人　 2 は　 4 だれ　 1 です
>
> B「山田さんです。」

2. ＿★＿に 入る ばんごうを くろく ぬります。

（かいとうようし）　| （れい） | ① ② ③ ● |

10　もう ＿＿＿ ＿★＿ ＿＿＿ ＿＿＿ したいです。

1 ひろい　　　2 すこし　　　3 ひっこし　　　4 ところに

11 晩ごはんは わたしが 作りますね。＿＿＿ ＿＿＿ ★＿＿

＿＿＿。

1 もの　　　　2 ありませんか 3 は　　　　4 きらいな

12 A 「あした、どこで あいますか。」

B 「駅 ＿＿＿ ＿＿＿ ★＿＿ ＿＿＿ ありますから、

そこで あいましょう。」

1 まえ　　　　2 の　　　　　3 コンビニが　4 に

3回

13 夏やすみには あおい ＿＿＿ ＿＿＿ ★＿＿ ＿＿＿ 音楽を

きいたり したいです。

1 本を　　　　2 みながら　　3 よんだり　　4 海を

もんだい3 14 から 17 に 何を 入れますか。ぶんしょうの いみを かんがえて、1・2・3・4から いちばん いい ものを 一つ えらんで ください。

日本で べんきょうして いる 学生が 「ともだちの 車」の ぶんしょうを 書いて、クラスの みんなの 前で 読みました。

ともだちが あたらしい 車を 買いました。小さくて あかい 日本の 車です。とても 高かった 14 いいました。きのうは その 車で ともだちと 山に 行きました。しゅうまつだったので、道が こんで いて 山まで とても 時間が かかりました。 15 、山に ついた ときは ごご 5時ごろでした。天気は よかったですが、寒くて すぐに 16 。きのうは いちにちじゅう 車に のって いましたが、とても 17 。

3
回

14

1 を　　　　　2 が　　　　　3 で　　　　　4 と

15

1 いつも　　　　2 しかし　　　　3 もっと　　　　4 だから

16

1 帰りません　　　　　　　　2 帰ります

3 帰りませんでした　　　　　4 帰りました

17

1 たのしかったです　　　　　2 たのしいからです

3 たのしみです　　　　　　　4 たのしいです

もんだい4 つぎの （1）と （2）の ぶんしょうを 読んで、しつもんに
こたえて ください。こたえは、1・2・3・4から いちばん
いい ものを 一つ えらんで ください。

（1）

　わたしは　3か月前から　日本で　べんきょうして　います。日本に　来る
前、わたしは　日本の　友だちが　いませんでした。今も　いません。でも
外国の　友だちと　話す　ときも　いつも　日本語を　つかいますから
ずいぶん　上手に　なりました。

18　「わたし」には　どんな　友だちが　いますか。

　　1　日本の　友だちだけ　います。

　　2　外国の　友だちだけ　います。

　　3　外国の　友だちも　日本の　友だちも　います。

　　4　外国の　友だちも　日本の　友だちも　いません。

（2）

　これは　わたしの　ちちの　しゃしんです。ちちは　わたしが　プレゼント
した　まるい　めがねを　いつも　かけて　います。このしゃしんは　わたしの
家の　げんかんで　とった　ものです。

19　「ちち」は　どれですか。

もんだい5　つぎの　ぶんしょうを　読んで、しつもんに　こたえて
**　　　　　ください。こたえは、1・2・3・4から　いちばん　いい**
**　　　　　ものを　一つ　えらんで　ください。**

　わたしの　家では　いぬを　3びき　かって　います。3びきは　親子
です。1ぴきは　わたしが　うまれる　まえから　かって　いる　いぬで、
もう　2ひきは　わたしが　うまれた　あとに　うまれました。

　こいぬが　うまれる　まえまで　わたしは　いぬが　にがてでした。
わたしの　家の　いぬは　体が　大きくて　こわかったからです。でも
こいぬが　うまれた　とき、そのいぬは　小さくて　よわそうな　子いぬに
とても　やさしく　していました。それを　見てから　わたしは　いぬを
こわいと　思わなくなりました。今は　いぬが　大好きです。

　そのとき　うまれた　いぬは　ほんとうは　4ひきです。1ぴきは
ほしい　人に　あげました。もう　1ぴきは　びょうきで　しんで
しまいました。とても　かなしかったです。わたしは　しょうらい
どうぶつの　いしゃに　なって、たくさんの　どうぶつの　いのちを
たすけたいです。

20 「わたし」は　どうして　いぬが　好きに　なりましたか。

1　うまれる　まえから　かぞくが　いぬを　かっていたから

2　うまれた　こいぬが　ちいさくて　かわいかったから

3　ははおやの　いぬが　こいぬに　やさしく　するのを　みたから

4　こいぬが　わたしが　あげた　ぎゅうにゅうを　のんだから

21 「わたし」は　どんな　しごとを　したいですか。

1　いぬの　たべる　ものを　つくる　しごと

2　どうぶつの　びょうきを　なおす　しごと

3　かわいい　どうぶつを　うる　しごと

4　すてられた　いぬを　たすける　しごと

もんだい6 右の ページを 見て、下の しつもんに こたえて くだ
さい。こたえは 1・2・3・4から いちばん いい ものを
一つ えらんで ください。

22 カイさんは 19歳の 男の学生で、飲みものや 食べものの

工場を 見学したいと 思っています。ばしょは ちかい ところが

いいです。カイさんは どうすれば いいですか。

1 3月7日の 8時までに 学校に 行きます。

2 3月8日の 8時までに 駅に 行きます。

3 3月8日の 9時までに 駅に 行きます。

4 3月7日の 9時までに 学校に 行きます。

工場見学の　おしらせ

工場見学で　たのしく　日本語の　勉強を　しましょう。

コース	A アイスクリーム工場	B ビール工場	C けしゴム工場	D ジュース工場
ひにち	3月7日（土）	3月8日（日）	3月8日（日）	3月7日(土)
あつまるじかん	8時	8時	9時	9時
こうつう	学校からあるいて15分です。	駅からちかてつで30分です。	駅からちかてつで40分です。	学校からバスで1時間です。
ないよう	さいごにアイスクリームがもらえます。	いろいろなビールをのむ　ことができます。（このコースは２０才からです）	けしゴムのプレゼントがあります。	自分でジュースを作って飲みます。

※　あるいて　いく　コースと　バスの　コースは　学校に　きてください。
　　ちかてつで　いく　コースは　しまだ駅に　きてください。

3回

N5

ちょう かい
聴解

ぷん
（30分）

ちゅう い
注　意
Notes

1. 試験が始まるまで、この問題用紙を開けないでください。
   Do not open this question booklet until the test begins.

2. この問題用紙を持って帰ることはできません。
   Do not take this question booklet with you after the test.

3. 受験番号と名前を下の欄に、受験票と同じように書いて
   ください。
   Write your examinee registration number and name clearly in each box below as written on your test voucher.

4. この問題用紙は、全部で14ページあります。
   This question booklet has 14 pages.

5. この問題用紙にメモをとってもいいです。
   You may make notes in this question booklet.

じゅけんばんごう
受験番号 Examinee Registration Number	

な まえ
名 前 Name	

もんだい１

　もんだい１では、はじめに　しつもんを　きいて　ください。それから
はなしを　きいて、もんだいようしの　１から４の　なかから、いちばん
いい　ものを　ひとつ　えらんで　ください。

れい

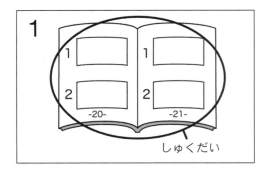
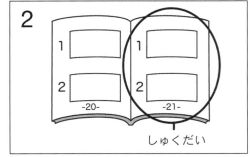
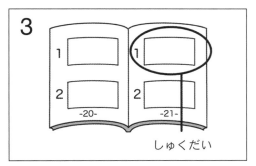
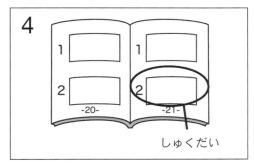

1 ばん

2 ばん

3 ばん

4 ばん

5 ばん

1 女の人に　わたします。

2 部長に　わたします。

3 つくえの　上に　おきます。

4 ひきだしに　いれます。

6 ばん

1 字を　大きく　します。

2 絵を　大きく　します。

3 色を　かえます。

4 絵を　かえます。

7 ばん

もんだい2

　もんだい2では、はじめに　しつもんを　きいて　ください。それから
はなしを　きいて、もんだいようしの　1から4の　なかから、いちばん
いい　ものを　ひとつ　えらんで　ください。

れい

1　としょかん

2　えき

3　デパート

4　レストラン

1 ばん

2 ばん

1 安^{やす}くて、おいしいから

2 近^{ちか}くて、安^{やす}いから

3 遠^{とお}いけど、しんせんだから

4 高^{たか}いけど、しんせんだから

3 ばん

1

2

3

4 ばん

1

2

3

4

5ばん

1 晴れていて、あたたかいです。

2 雪が降って、寒いです。

3 雨は降っていますが、あたたかいです。

4 晴れていますが、寒いです。

6ばん

もんだい 3

　もんだい 3 では、えを　みながら　しつもんを　きいて　ください。
➡（やじるし）の　ひとは　なんと　いいますか。1 から 3 の　なかから、
いちばん　いい　ものを　ひとつ　えらんで　ください。

れい

1 ばん

2 ばん

3 ばん

4 ばん

5 ばん

もんだい4

　もんだい4は、えなどが　ありません。ぶんを　きいて、1から3の
なかから、いちばん　いい　ものを　ひとつ　えらんで　ください。

－ メモ －

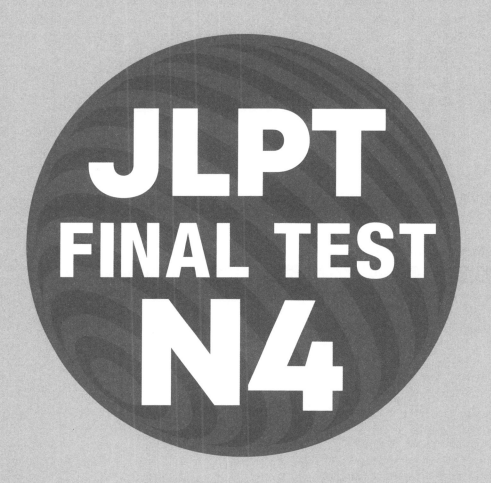

JLPT FINAL TEST N4

파이널 테스트 1회

N4 파이널 테스트 채점표

자신의 실력이 어느 정도인지 확인할 수 있도록 임의적으로 만든 채점표입니다.
실제 시험은 상대 평가 방식이므로 오차가 발생할 수 있습니다.

언어지식 (문자·어휘·문법)·독해

	문제	배점	만점	정답 문항 수	점수
문자·어휘	문제 1	1점×7문항	7		
	문제 2	1점×5문항	5		
	문제 3	1점×8문항	8		
	문제 4	1점×4문항	4		
	문제 5	1점×4문항	4		
문법	문제 1	1점×13문항	13		
	문제 2	1점×4문항	4		
	문제 3	1점×4문항	4		
독해	문제 4	6점×3문항	18		
	문제 5	6점×3문항	18		
	문제 6	6점×2문항	12		
	합계		97점		

*점수 계산법 : 언어지식(문자·어휘·문법)·독해 [   ]점÷97×120 = [   ]점

청해

	문제	배점	만점	정답 문항 수	점수
청해	문제 1	2점×8문항	16		
	문제 2	2점×7문항	14		
	문제 3	2점×5문항	10		
	문제 4	2점×8문항	16		
	합계		56점		

*점수 계산법 : 청해 [   ]점÷56×60 = [   ]점

*총점 : [   ]점

もんだいようし

N4
げんごちしき（もじ・ごい）
（25ふん）

ちゅうい
Notes

1. しけんが　はじまるまで、この　もんだいようしを　あけないで
ください。
Do not open this question booklet until the test begins.

2. この　もんだいようしを　もって　かえる　ことは　できません。
Do not take this question booklet with you after the test.

3. じゅけんばんごうと　なまえを　したの　らんに、じゅけんひょうと
おなじように　かいて　ください。
Write your examinee registration number and name clearly in each box below as written on your test voucher.

4. この　もんだいようしは　ぜんぶで　9ページ　あります。
This question booklet has 9 pages.

5. もんだいには　かいとうばんごうの　1、2、3 …が　あります。
かいとうは、かいとうようしに　ある　おなじ　ばんごうの　ところに
マークして　ください。
One of the row numbers 1, 2, 3 … is given for each question. Mark your answer in the same row of the answer sheet.

じゅけんばんごう　Examinee Registration Number	

なまえ　Name	

もんだい1 ＿＿＿の　ことばは　ひらがなで　どう　かきますか。　1・2・3・4から　いちばん　いい　ものを　ひとつ　えらんで　ください。

（例）　わたしの　せんもんは　文学です。

1　いがく　　　　　2　かがく　　　　　3　ぶんがく　　　　4　すうがく

（かいとうようし）　| （例） | ① | ② | ● | ④ |

1　田中さんは　いつも　夜　でんわを　します。

1　ひる　　　　　　2　よる　　　　　　3　あさ　　　　　　4　ばん

2　そとは　風が　強いです。

1　つめたい　　　2　あたたかい　　3　よわい　　　　4　つよい

3　となりの　まちは　人口が　おおく　なりました。

1　じんこう　　　2　にんこう　　　3　にんごう　　　4　じんごう

4　きのうの　夕飯は　わたしが　つくりました。

1　ちゅうはん　　2　ゆうしょく　　3　ゆうはん　　　4　ちゅうしょく

5　すずきさんは　いっしゅうかん　会社を　休んで　います。

1　やすんで　　　2　すんで　　　　3　たのんで　　　4　とんで

6　あしたの　しあいは　<u>中止</u>です。

　　1　じゅうと　　　　2　じゅうし　　　　3　ちゅうと　　　　4　ちゅうし

7　あの　<u>品物</u>が　ひつような　ひとは　はなして　ください。

　　1　ひんぶつ　　　　2　ひんもの　　　　3　しなぶつ　　　　4　しなもの

もんだい2 ＿＿＿＿の ことばは どう かきますか。1・2・3・4から いちばん いい ものを ひとつ えらんで ください。

（例） ふねで にもつを おくります。

1 近ります   2 逆ります   3 辺ります   4 送ります

（かいとうようし） | （例） | ① ② ③ ● |

---

8 この スーパーは にくが やすいです。

1 魚   2 肉   3 米   4 鳥

9 まいあさ ははと うんどうを して います。

1 運動   2 運道   3 運働   4 運同

10 あさから おおきい おとで おんがくを ききます。

1 開きます   2 関きます   3 聞きます   4 闇きます

11 あなたの こたえは ただしいと 思います。

1 止しい   2 下しい   3 正しい   4 王しい

12 らいしゅうは 日本語の うたを ならいます。

1 習います   2 究います   3 学います   4 勉います

もんだい3 （　　　　）に　なにを　いれますか。1・2・3・4から
　　　　　　いちばん　いい　ものを　ひとつ　えらんで　ください。

（例）　スーパーで　もらった　（　　　　）を　見ると、何を　買ったか　わかります。

1　レジ　　　　　　　2　レシート　　　　　3　おつり　　　　　4　さいふ

（かいとうようし）　│ （例） │ ① ● ③ ④ │

13　いもうとは　（　　　　）が　上手なので、よく　ドライブに　行きます。

1　うんてん　　　　2　うんどう　　　　　3　こしょう　　　　4　しっぱい

14　（　　　　）が　大きいと　服を　えらぶのが　たいへんです。

1　顔　　　　　　　2　体　　　　　　　　3　足　　　　　　　4　耳

15　ともだちから　プレゼントで　映画の　（　　　　）を　もらいました。

1　チケット　　　　2　サービス　　　　　3　パーティー　　　4　イベント

16　彼女　いがいに　だれも　しつもんに　（　　　　）。

1　おしえられませんでした　　　　　　2　おぼえられました

3　かんがえられました　　　　　　　　4　こたえられませんでした

17　この　ジュースは　あかいですが、バナナの　（　　　　）が　します。

1　おと　　　　　　2　いろ　　　　　　　3　あじ　　　　　　4　かたち

18 学校の　うんどうじょうまで　すごい　スピードで　（　　　　　）。

1　およぎました　　　　　　　　　　2　はしりました

3　のぼりました　　　　　　　　　　4　さんぽしました

19 きのうから　かぜで　熱は　あるし、（　　　　　）は　いたいし、大変だ。

1　こえ　　　　　　2　て　　　　　　3　かお　　　　　4　のど

20 形が　（　　　　　）石を　ひろいました。

1　めずらしい　　　2　あさい　　　　　3　すずしい　　　　4　うれしい

もんだい４　_____の　ぶんと　だいたい　おなじ　いみの　ぶんが
あります。１・２・３・４から　いちばん　いい　ものを　ひとつ
えらんで　ください。

（例）　でんしゃの　中で　さわがないで　ください。

　　１　でんしゃの　中で　ものを　たべないで　ください。

　　２　でんしゃの　中で　うるさく　しないで　ください。

　　３　でんしゃの　中で　たばこを　すわないで　ください。

　　４　でんしゃの　中で　きたなく　しないで　ください。

　　（かいとうようし）　| (例) | ①　●　③　④ |

21　　よしださんが　きょうしつに　のこって　います。

　　１　よしださんは　まだ　きょうしつに　きて　いません。

　　２　よしださんは　もう　きょうしつに　きて　います。

　　３　きょうしつに　よしださんは　いません。

　　４　きょうしつに　よしださんが　まだ　います。

22　　この　ビルには　ちゅうしゃじょうが　あります。

　　１　ビルに　じどうしゃを　とめる　ところが　あります。

　　２　ビルに　じどうしゃを　うる　ところが　あります。

　　３　ビルに　じどうしゃを　つくる　ところが　あります。

　　４　ビルに　じどうしゃを　あらう　ところが　あります。

23 あには　まじめに　ほんを　よんで　います。

1 あには　あんぜんに　ほんを　よんで　います。

2 あには　いっしょうけんめいに　ほんを　よんで　います。

3 あには　げんきに　ほんを　よんで　います。

4 あには　にぎやかに　ほんを　よんで　います。

24 いもうとは　どんな　ことを　いやがりますか。

1 いもうとは　どんな　ことが　すきですか。

2 いもうとは　どんな　ことが　きらいですか。

3 いもうとは　どんな　ことを　しって　いますか。

4 いもうとは　どんな　ことを　やる　つもりですか。

**もんだい5　つぎの　ことばの　つかいかたで　いちばん　いい　ものを
　　　　　　1・2・3・4から　ひとつ　えらんで　ください。**

（例）　すてる

　　1　へやを　ぜんぶ　すてて　ください。

　　2　ひどい　ことを　するのは　すてて　ください。

　　3　ここに　いらない　ものを　すてて　ください。

　　4　学校の　本を　かばんに　すてて　ください。

（かいとうようし）

（例）	①	②	●	④

25　くらい

　　1　へやが　くらいので　電気を　つけました。

　　2　そうじを　したら　家が　くらく　なりました。

　　3　くらすぎて　目が　いたいです。

　　4　父は　くらい　ぼうしを　かぶって　います。

26　あやまる

　　1　田中さんに　行かないと　あやまりました。

　　2　友だちに　まちがいを　あやまりました。

　　3　レストランで　ジュースを　あやまりました。

　　4　先生に　おれいを　あやまりました。

27 めずらしい

1 その　かばんの　ねだんは　とても　めずらしいです。

2 会社に　はいって、やっと　しごとに　めずらしく　なりました。

3 りょうりを　めずらしく　して　ください。

4 あそこに　ある　絵は　とても　めずらしい　ものです。

28 のりかえる

1 円を　ドルに　のりかえて　ください。

2 つぎの　えきで　おりて、バスに　のりかえて　ください。

3 こんかいの　やすみに　会社の　ちかくに　のりかえる　予定です。

4 へやの　テレビが　ふるく　なったので、のりかえようと　思います。

N4

げんご ち しき
言語知識（文法）・読解
ぶんぽう どっかい

ふん
（55分）

ちゅう い
注　意
Notes

し けん はじ もんだいようし あ
1. 試験が始まるまで、この問題用紙を開けないでください。
   Do not open this question booklet until the test begins.

もんだいようし も かえ
2. この問題用紙を持って帰ることはできません。
   Do not take this question booklet with you after the test.

じゅけんばんごう な まえ した らん じゅけんひょう おな か
3. 受験番号と名前を下の欄に、受験票と同じように書いて

ください。
   Write your examinee registration number and name clearly in each box below as written on your
   test voucher.

もんだいようし ぜん ぶ
4. この問題用紙は、全部で14ページあります
   This question booklet has 14 pages.

もんだい かいとうばんごう
5. 問題には解答番号の 1 、 2 、 3 …があります。
かいとう かいとうようし ばんごう
   解答は、解答用紙にあるおなじ番号のところにマークしてください。
   One of the row numbers 1 , 2 , 3 … is given for each question. Mark your answer in the same
   row of the answer sheet.

じゅけんばんごう
受験番号 Examinee Registration Number	

な まえ
名 前 Name	

もんだい1　（　　　　）に　何を　入れますか。1・2・3・4から

　　　　いちばん　いい　ものを　一つ　えらんで　ください。

(例)　わたしは　毎朝　新聞　（　　　　）読みます。

1　が　　　　　　　2　の　　　　　　　3　を　　　　　　　4　で

（解答用紙）　| (例) | ① ② ● ④ |

1　喫茶店から　コーヒーの　いい　におい（　　　　）して　います。

1　を　　　　　　　2　に　　　　　　　3　が　　　　　　　4　は

2　6月（　　　　）　大学で　勉強して、7月に　国へ　かえります。

1　まで　　　　　　2　までに　　　　　3　ころ　　　　　　4　くらい

3　この　花は　日本語で　なん（　　　　）　いいますか。

1　の　　　　　　　2　に　　　　　　　3　を　　　　　　　4　と

4　わたしは　（　　　　）　つまらない　映画でも　さいごまで　みる　ことが

できます。

1　どうして　　　　2　どんなに　　　　3　なんで　　　　　4　どうしても

5　A「木村さん、帰らないんですか。」

　　B「部長に　たのまれた　しごとが　おおくて　（　　　　）　帰れません。」

1　だんだん　　　　2　なかなか　　　　3　だいたい　　　　4　そろそろ

6 A「たんご試験は　むずかしかったですか。」

B「いいえ、（　　　　　）に　むずかしく　なかったです。」

1 こんな　　　　　　2 あれ　　　　　　　3 そう　　　　　　　4 そんな

7 A「こんどの　夏休みに　なにを　しますか。」

B「一人で　旅行に　行く　（　　　　　）に　しました。」

1 こと　　　　　　　2 もの　　　　　　　3 ところ　　　　　　4 しか

8 あしたは　やすみなので、起きるのが　（　　　　　）かまいません。

1 早くては　　　　　　　　　　　　2 早く　なくても

3 早く　ないでも　　　　　　　　　4 早く　なっても

9 子どもに　やさいを　うまく　（　　　　　）方法を　しりたいです。

1 たべる　　　　　　　　　　　　　2 たべられる

3 たべさせる　　　　　　　　　　　4 たべさせられる

10 医者「今日は　（　　　　　）。」

学生「きのうから　お腹が　いたいんです。」

医者「そうですか。では、お腹を　みせて　ください。」

1 どうしますか　　　　　　　　　　2 どうしましょうか

3 どうでしょうか　　　　　　　　　4 どうしましたか

11　ここでは　30分　（　　　　　）　10分　やすまなければ　なりません。

1　およいだ　　　　　　　　　　　　2　およいだら

3　およいだので　　　　　　　　　　4　およいだのに

12　キム「水野さんは　韓国に　（　　　　　）　ことが　ありますか。」

水野「いいえ、一度も　ありません。」

1　来よう　　　　　2　来る　　　　　3　来た　　　　　4　来ない

13　だいじに　して　いた　おさけを　妹に　（　　　　　）。

1　のむそうです　　　　　　　　　　2　のんで　みました

3　のまれて　しまいました　　　　　4　のんだでしょう

もんだい2 ＿＿＿＿★＿＿＿＿に 入る ものは どれですか。１・２・３・４から いちばん いい ものを 一つ えらんで ください。

（問題例）

つくえの ＿＿＿＿ ＿＿＿＿ ＿★＿ ＿＿＿＿ あります。

1 が 2 に 3 上 4 ペン

（答え方）

1. 正しい 文を 作ります。

> つくえの ＿＿＿＿ ＿＿＿＿ ＿★＿ ＿＿＿＿ あります。
>
> 3 上 2 に 4 ペン 1 が

2. ★ に 入る 番号を 黒く 塗ります。

（解答用紙） | (例) | ① ② ③ ● |

---

14 A「先生、＿＿＿＿ ＿＿＿＿ ＿★＿ ＿＿＿＿ なおしました。」

B「はい。では、みせて ください。」

1 で 2 まちがえた 3 ところを 4 作文

15 きのう テレビで ＿＿＿＿ ＿＿＿＿ ＿★＿ ＿＿＿＿ が 紹介されました。

1 学校 2 ともだちの 3 いる 4 通って

16 A「サンドイッチ　ひとつ　ください。」

B「先に　あちらの　機械で ＿＿＿＿ ＿＿＿＿ ＿★＿ ＿＿＿＿。」

1 ください 　　　2 を 　　　　　3 買って 　　　4 チケット

17 A「あのう、さくら図書館は　どこですか。」

B「こちらの　道を ＿＿＿＿ ＿＿＿＿ ＿★＿ ＿＿＿＿ 見えます。」

A「ありがとうございます。」

1 と 　　　　　　2 まっすぐ 　　　3 行く 　　　　4 図書館が

もんだい3 [18] から [21] に 何を 入れますか。文章の 意味を 考えて、1・2・3・4から いちばん いい ものを 一つ えらんで ください。

これは「アイスクリームの日」に ついての 作文です。

　日本の　5月　9日は　「アイスクリームの日」です。わたしの　国では「アイスクリームの日」が　ないので、はじめて　聞いた　ときは　うそ [18] と 思いました。しかし、先生に　聞いて　みると　本当に「アイスクリームの日」が　ありました。

　「アイスクリームの日」が　作られたのは　140年前の　ことです。この　日、日本で　はじめての　アイスクリームが　横浜と　いう　ところで [19]。はじめは　「アイスクリー」と　いう　名前で　売って　いました。[20] だんだん　「アイスクリーム」と　いう　名前に　変わりました。

　今日は　5月　8日です。天気は　雨が　降ったり　やんだりして　いますが、明日は　晴れると　いうので、アイスクリームを　食べるのに　いい [21]。

18

   1　か   2　に   3　は   4　が

19

   1　売り終わりました   2　売りはじめました
   3　売り続けました   4　売りましょう

20

   1　でも   2　それでは   3　ですから   4　すると

21

   1　天気に　すると　思います   2　天気だと　思ったり　します
   3　天気に　しようと　思います   4　天気に　なると　思います

もんだい４　つぎの（１）から（３）の文章を読んで、質問に答えてください。
答えは、１・２・３・４から、いちばんいいものを一つえらんで
ください。

（１）

田中さんのこどもが、学校で手紙をもらってきました。

お父さん、お母さんへ

《９月の誕生日パーティーをします》

◇　　９月の誕生日パーティーは15日（火曜日）にします。

◇　　授業がおわったあとにします。

◇　　今月が誕生日の友だちは男の子１人、女の子１人です。

◇　　食べ物は持ってこないでください。

◇　　誕生日の友だちに手紙を書いて、持ってきてください。

クラスの担任より

22　　この手紙から、誕生日パーティーについてわかることは何ですか。

１　パーティーは休み時間にします。

２　９月が誕生日のこどもは一人です。

３　誕生日の友だちに手紙をわたします。

４　誕生日のこどもはお菓子を準備します。

（2）

　山田さんの住んでいる部屋は駅の近くにあります。学校までは自転車で15分ぐらいです。駅の周りにはビルがたくさん建っていて、デパートが3つあります。とても便利な場所ですが、車の音や人の声が少しうるさいです。静かな公園を散歩したいときには、電車に乗って、隣の町まで行かなくてはいけません。

23　山田さんはどんなところに住んでいますか。

1　駅から遠くて不便なところ

2　学校まで歩いて15分のところ

3　便利でにぎやかなところ

4　静かな公園の近く

（3）

これは、じどう公園の乗り物の案内です。

たのしく遊ぶために守りましょう！

- 130Cm以下のこどもは大人と一緒に乗ること。
- 乗り物で飲食をしないこと。
- 安全ベルトを必ずすること。
- 荷物は係の人にあずけること。

　　　　　　　　　　　　　　　　　　　　　　　　　　　　以上

　★上のことを守って、たのしく安全に遊びましょう。

---

24 乗り物に乗る人が守らなければいけないことは何ですか。

1 こどもは必ず大人と乗ります。

2 乗り物の中での食べたり飲んだりすることはできません。

3 こどもだけ安全ベルトをします。

4 荷物は持って乗ります。

もんだい５　つぎの文章を読んで、質問に答えてください。答えは１・２・３・４から、いちばんいいものを一つえらんでください。

　わたしは夏休みに家族と旅行をしました。電車に乗って１時間ぐらいで、駅に着きました。駅を出ると、おみやげの店がたくさんありました。そして、すぐにきれいな青い海が見えました。その海の上を長い橋が通っていました。わたしはとても感動しました。父が「ここは夕方になるともっときれいだよ。ここで少し休んで行こうか。」と言ったので、わたしたちは近くの食堂に入ることにしました。美しい景色を見ながら食べたので、料理がとてもおいしく感じました。

　それから、わたしたちは歩いてホテルまで行きました。わたしと妹はホテルの部屋に着くと、すぐに着がえて海に走って行きました。そこで泳いだり、ボールで遊んだりしました。父と母が後からいすを持ってきて、そこに座ってビールを飲んだり、本を読んだりしてのんびりしていました。

　母が「来年は海外に行きたいね。」と言うと、父は最初は「それはちょっと…」と言って笑っていましたが、わたしと妹が「英語を一生けんめい勉強するから。」と言うと、「よし、分かった。じゃあ、そうしよう。」と言いました。来年の家族旅行がとても楽しみです。

25　どうやってホテルまで行きましたか。

1　電車を降りてからバスに乗りました。

2　バスを降りてから、歩いて行きました。

3　車でホテルまで行きました。

4　電車を降りてから、歩いて行きました。

26　「わたし」と妹はホテルに着いたあと、何をしましたか。

1　部屋でのんびりしました。

2　着がえてからプールに入りました。

3　海に行って泳ぎました。

4　本を読みました。

27　そうしようとありますが、どんな意味ですか。

1　来年も海に来よう

2　いっしょに英語の勉強をしよう

3　来年は外国に行こう

4　来年も家族旅行をしよう

もんだい６　つぎのページを見て、下の質問に答えてください。答えは、１・２・３・４から、いちばんいいものを一つえらんでください。

28　田中さんは「冬をみつけよう！」に行きたいと思っています。１２月１０日よりあとの日曜日に行われるもので、魚を食べられるものがいいです。田中さんは何日にどこにいけばいいですか。

　　１　１５日にだい２公園

　　２　１６日にだい２公園

　　３　９日に海の家

　　４　16日に海の家

29　さとうさんは、「冬を見つけよう！」に行こうと思っています。午前にはじまるもののうち、部屋の中でするイベントがいいです。さとうさんが選べるのはどれですか。

　　１　①と②

　　２　①と③

　　３　③と④

　　４　①と③と④

◎　「冬」をみつけよう！！　◎

山田町<ruby>山田町<rt>やまだちょう</rt></ruby>では、寒い冬にも楽しめるプログラムを行<ruby>行<rt>おこな</rt></ruby>っています。

	ないよう （料金）	にちじ	場所	時間
①	冬に見られる鳥<ruby>鳥<rt>とり</rt></ruby>をさがしたり、冬の花をさがします。 （お金はかかりません）	12月15日（土）	やまだ小学校<ruby>小学校<rt>しょうがっこう</rt></ruby>	9時〜12時
②	冬の水の中にいる魚<ruby>魚<rt>さかな</rt></ruby>や虫<ruby>虫<rt>むし</rt></ruby>をさがします。 （お金はかかりません）	12月16日（日）	だい2公園<ruby>公園<rt>こうえん</rt></ruby>	13時〜15時
③	山田町で作った野菜<ruby>野菜<rt>やさい</rt></ruby>を使ってみそしるを作って、食べます。 （1人100円）	12月8日（土） 12月15日（土）	やまだ公民館<ruby>公民館<rt>こうみんかん</rt></ruby>	11時〜13時
④	山田町でとれた魚<ruby>魚<rt>さかな</rt></ruby>のおいしい食べ方を教<ruby>教<rt>おし</rt></ruby>えます。料理した魚<ruby>料理<rt>りょうり</rt></ruby><ruby>魚<rt>さかな</rt></ruby>は、食べます。 （1人300円）	12月1日（土）から22日（土）までの土日	海の家<ruby>海<rt>うみ</rt></ruby><ruby>家<rt>いえ</rt></ruby>	7時〜9時

※ ①と②は外<ruby>外<rt>そと</rt></ruby>でしますので、あたたかい服<ruby>服<rt>ふく</rt></ruby>を着てきてください。

　③と④は部屋の中ですので、靴<ruby>靴<rt>くつ</rt></ruby>をいれるビニール袋<ruby>袋<rt>ふくろ</rt></ruby>を持ってきてください。

※ ①と②は飲み物を持ってきてください。

山田町役場　　電話（092）323-3423　　担当　たかはし

N4

聴解

ちょう かい

（35分）

ふん

受験番号 Examinee Registration Number	
じゅけんばんごう	

名 前 Name	
な まえ	

もんだい1

　もんだい1では、まず　しつもんを　聞_きいて　ください。それから　話_{はなし}を
聞_きいて、もんだいようしの　1から4の　中_{なか}から、いちばん　いい　ものを
一_{ひと}つ　えらんで　ください。

れい

1　ぎゅうにゅう　1本_{ぼん}だけ

2　ぎゅうにゅう　1本_{ぼん}と　チーズ

3　ぎゅうにゅう　2本_{ほん}だけ

4　ぎゅうにゅう　2本_{ほん}と　チーズ

1ばん

1　12時

2　12時5分

3　12時30分

4　14時30分

2ばん

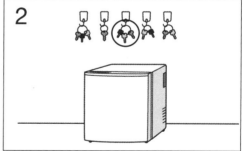

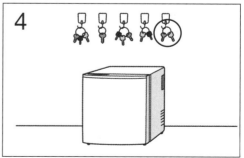

3 ばん

4 ばん

1　6こ

2　7こ

3　8こ

4　9こ

5 ばん

6 ばん

7 ばん

8 ばん

1 しろ

2 あお

3 きいろ

4 あか

もんだい2

　もんだい2では、まず　しつもんを　聞いて　ください。そのあと、もんだいようしを　見て　ください。読む　時間が　あります。それから　話を　聞いて、もんだいようしの　1から4の　中から、いちばん　いい　ものを　一つ　えらんで　ください。

れい

1　へやが　せまいから

2　ばしょが　ふべんだから

3　たてものが　古いから

4　きんじょに　ともだちが　いないから

1ばん

1 歌手に　なりたいから

2 音楽の　先生に　なりたいから

3 ピアノの　先生に　なりたいから

4 ピアニストに　なりたいから

2ばん

1 ねつが　あったから

2 あたまが　いたかったから

3 けがを　したから

4 歯が　いたかったから

3ばん

1 かなしい　ニュースを　見^みたから
2 洋子^{ようこ}さんの　子どもが　びょうきだから
3 かなしい　ドラマを　見^みたから
4 洋子^{ようこ}さんが　びょうきだから

4ばん

1 5年^{ねん}
2 6年^{ねん}
3 7年^{ねん}
4 8年^{ねん}

5ばん

1 おもいから

2 おかねが　ないから

3 りんごが　古<small>ふる</small>いから

4 かたちが　わるいから

6ばん

1 テレビ

2 カメラ

3 せんたくき

4 そうじき

7ばん

1 京都が　さむかった　こと

2 ほしい　いろが　なかった　こと

3 デパートが　やすみだった　こと

4 東京に　おなじものが　うられて　いた　こと

もんだい３

　もんだい３では、えを　見ながら　しつもんを　聞いて　ください。
➡ （やじるし）の　人は　何と　言いますか。１から３の　中から、いちばん
いい　ものを　一つ　えらんで　ください。

れい

1 ばん

2 ばん

3 ばん

4 ばん

5 ばん

もんだい 4

　もんだい 4 では、えなどが　ありません。まず　ぶんを　聞いて　ください。
それから、そのへんじを　聞いて、1 から 3 の　中から、いちばん　いい
ものを　一つ　えらんで　ください。

－ メモ －

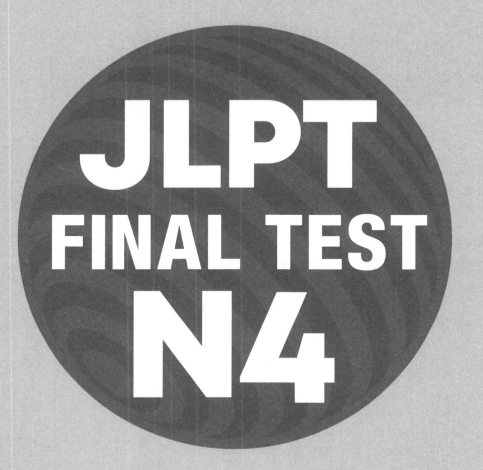

JLPT FINAL TEST N4

파이널 테스트 2회

N4 파이널 테스트 채점표

자신의 실력이 어느 정도인지 확인할 수 있도록 임의적으로 만든 채점표입니다.
실제 시험은 상대 평가 방식이므로 오차가 발생할 수 있습니다.

언어지식 (문자·어휘·문법)·독해

	문제	배점	만점	정답 문항 수	점수
문자·어휘	문제 1	1점×7문항	7		
	문제 2	1점×5문항	5		
	문제 3	1점×8문항	8		
	문제 4	1점×4문항	4		
	문제 5	1점×4문항	4		
문법	문제 1	1점×13문항	13		
	문제 2	1점×4문항	4		
	문제 3	1점×4문항	4		
독해	문제 4	6점×3문항	18		
	문제 5	6점×3문항	18		
	문제 6	6점×2문항	12		
합계			97점		

*점수 계산법 : 언어지식(문자·어휘·문법)·독해 [   ]점÷97×120 = [   ]점

청해

	문제	배점	만점	정답 문항 수	점수
청해	문제 1	2점×8문항	16		
	문제 2	2점×7문항	14		
	문제 3	2점×5문항	10		
	문제 4	2점×8문항	16		
합계			56점		

*점수 계산법 : 청해 [   ]점÷56×60 = [   ]점

*총점 : [   ]점

N4
げんごちしき（もじ・ごい）
（25ふん）

ちゅうい
Notes

1. しけんが　はじまるまで、この　もんだいようしを　あけないで
ください。
Do not open this question booklet until the test begins.

2. この　もんだいようしを　もって　かえる　ことは　できません。
Do not take this question booklet with you after the test.

3. じゅけんばんごうと　なまえを　したの　らんに、じゅけんひょうと
おなじように　かいて　ください。
Write your examinee registration number and name clearly in each box below as written on your test voucher.

4. この　もんだいようしは　ぜんぶで　9ページ　あります。
This question booklet has 9 pages.

5. もんだいには　かいとうばんごうの　1、2、3 …が　あります。
かいとうは、かいとうようしに　ある　おなじ　ばんごうの　ところに
マークして　ください。
One of the row numbers 1, 2, 3 … is given for each question. Mark your answer in the same row of the answer sheet.

じゅけんばんごう　Examinee Registration Number	

なまえ　Name	

もんだい1　＿＿＿の　ことばは　ひらがなで　どう　かきますか。1・2・3・4から　いちばん　いい　ものを　ひとつ　えらんで　ください。

（例）　わたしの　せんもんは　文学です。

1　いがく　　　　　2　かがく　　　　　3　ぶんがく　　　　4　すうがく

（かいとうようし）　| (例) | ① ② ● ④ |

1　ほんやで　せかい　地図を　かいました。

1　ちと　　　　　2　ちず　　　　　3　じと　　　　　4　じず

2　3時までに　家に　帰らなければ　なりません。

1　まがらなければ　　　　　　　　2　もどらなければ

3　かえらなければ　　　　　　　　4　わたらなければ

3　東の　そらが　あかるく　なって　きました。

1　くるま　　　　　2　ひがし　　　　　3　にし　　　　　4　きた

4　空港へ　ともだちを　むかえに　行きます。

1　くうこう　　　　2　こうくう　　　　3　くうごう　　　　4　こうぐう

⑤　きむらさんは　うちの　近所に　すんで　います。

　　1　きんしょう　　　2　きんじょう　　　3　きんしょ　　　　4　きんじょ

⑥　すずきさんは　野菜が　きらいだそうです。

　　1　やせい　　　　　2　やさい　　　　　3　のせい　　　　　4　のさい

⑦　ちいさい　こどもが　いそいで　走って　きました。

　　1　はしって　　　　2　かよって　　　　3　わたって　　　　4　のぼって

もんだい2 ＿＿＿＿＿の　ことばは　どう　かきますか。1・2・3・4から
いちばん　いい　ものを　ひとつ　えらんで　ください。

（例）　ふねで　にもつを　おくります。

1　近ります　　　2　逆ります　　　3　辺ります　　　4　送ります

（かいとうようし）　| （例） | ① ② ③ ● |

8　この　まちは　とても　うつくしいです。

1　市　　　　　2　町　　　　　3　村　　　　　4　区

9　その　バナナを　はんぶん　ください。

1　北分　　　　2　半分　　　　3　八分　　　　4　判分

10　せんしゅうは　おとうとと　2時間　およぎました。

1　泳ぎました　　2　永ぎました　　3　水ぎました　　4　冰ぎました

11　ズボンが　きたないので　あらいました。

1　汚いました　　2　池いました　　3　泡いました　　4　洗いました

12　ここに　じゅうしょと　なまえを　書いて　ください。

1　任所　　　　2　住所　　　　3　狂所　　　　4　往所

もんだい3　（　　　）に　なにを　いれますか。1・2・3・4から
　　　　　いちばん　いい　ものを　ひとつ　えらんで　ください。

（例）　スーパーで　もらった（　　　）を　見ると、何を　買ったか　わかります。

1　レジ　　　　　　　2　レシート　　　　　3　おつり　　　　　4　さいふ

（かいとうようし）　| (例) | ① ● ③ ④ |

13　あの　あおい　うわぎの　（　　　）の　中に　かぎが　はいって　います。

1　カレンダー　　　2　ポケット　　　　3　ノート　　　　　4　ドア

14　まいにち　ごはんを　食べた　あと、はを　（　　　）。

1　あらいます　　　2　みがきます　　　3　あびます　　　　4　そうじます

15　いま　しごとで　いそがしいので、（　　　）しないで　ください。

1　しゅっせき　　　2　しつれい　　　　3　じゃま　　　　　4　あんない

16　ともだちに　プレゼントして　もらった　ハンカチが　（　　　）。

1　おちません　　　　　　　　　　2　もてません

3　かいません　　　　　　　　　　4　みつかりません

17　こどもが　あたらしい　（　　　）を　こわして　しまいました。

1　やくそく　　　　2　おもちゃ　　　3　ほん　　　　　　4　いえ

18 よごれた　ふくは　ぜんぶ　赤い　はこの　中に　（　　　　）　あります。

　　1　かざって　　　　2　いれて　　　　　3　はって　　　　　4　はいって

19 ここで　降りるので　ボタンを　（　　　　）　バスが　とまるのを
まちました。

　　1　さして　　　　　2　おして　　　　　3　あけて　　　　　4　うけて

20 この　あたりは　みちが　とても　（　　　　）で、住みにくいです。

　　1　しんぱい　　　　2　あんぜん　　　　3　ふくざつ　　　　4　ひつよう

もんだい4 _____の ぶんと だいたい おなじ いみの ぶんが
あります。1・2・3・4から いちばん いい ものを ひとつ
えらんで ください。

（例）でんしゃの 中で さわがないで ください。

1 でんしゃの 中で ものを たべないで ください。

2 でんしゃの 中で うるさく しないで ください。

3 でんしゃの 中で たばこを すわないで ください。

4 でんしゃの 中で きたなく しないで ください。

（かいとうようし）　（例）　①　●　③　④

---

21 吉田さんは まいにち ぼうしを かぶります。

1 吉田さんは いつも ぼうしを かぶります。

2 吉田さんは すこし ぼうしを かぶります。

3 吉田さんは ちょっと ぼうしを かぶります。

4 吉田さんは ときどき ぼうしを かぶります。

22 山本さんの とくいな りょうりは なんですか。

1 山本さんの つくってみたい りょうりは なんですか。

2 山本さんの たべたい りょうりは なんですか。

3 山本さんの いちばん すきな りょうりは なんですか。

4 山本さんの じょうずに できる りょうりは なんですか。

23　あたらしい　レストランは　いつも　ひまです。

　　1　レストランは　いつも　てんいんが　いそがしいです。

　　2　レストランは　いつも　きゃくが　おおいです。

　　3　レストランは　いつも　きゃくが　いません。

　　4　レストランは　いつも　てんいんが　しんせつです。

24　あした　かいものに　行くのは　むりです。

　　1　あした　かいものに　行きたいです。

　　2　あした　かいものに　行っては　いけません。

　　3　あした　かいものに　行く　つもりです。

　　4　あした　かいものに　行けません。

もんだい5　つぎの　ことばの　つかいかたで　いちばん　いい　ものを
　　　　　1・2・3・4から　ひとつ　えらんで　ください。

（例）　すてる

　　1　へやを　ぜんぶ　すてて　ください。

　　2　ひどい　ことを　するのは　すてて　ください。

　　3　ここに　いらない　ものを　すてて　ください。

　　4　学校の　本を　かばんに　すてて　ください。

　　（かいとうようし）　| （例） | ① | ② | ● | ④ |

25　　おおぜい

　　1　東京では　おおぜいな　ものが　つくられて　います。

　　2　東京では　おおぜいの　ひとが　せいかつして　います。

　　3　東京では　バスや　でんしゃが　おおぜい　はしって　います。

　　4　東京では　せかいの　おおぜいの　ものを　買う　ことが　できます。

26　　にぎやかだ

　　1　東京では　ひとたちが　にぎやかに　あるいて　います。

　　2　この　のりものは　にぎやかで　こどもは　つかえません。

　　3　こどもの　こえが　にぎやかなので　しずかに　して　ください。

　　4　うちには　ちいさい　こどもが　いて、いつも　にぎやかです。

27 びっくりする

1 今日の　てんきは　とても　びっくりして　います。

2 この　しゃしんを　みると　こどもの　ときが　びっくりする。

3 しらない　たんごを　じしょで　しらべて　やっと　びっくりしました。

4 ともだちからの　きゅうな　れんらくで　びっくりしました。

28 かざる

1 店の　中に　あかるい　おんがくが　かざって　います。

2 きれいな　はなを　たなの　うえに　かざります。

3 授業の　知らせを　教室の　かべに　かざります。

4 よる　おそく　ともだちに　でんわを　かざりました。

N4

言語知識（文法）・読解

（55分）

注　意

Notes

1. 試験が始まるまで、この問題用紙を開けないでください。

   Do not open this question booklet until the test begins.

2. この問題用紙を持って帰ることはできません。

   Do not take this question booklet with you after the test.

3. 受験番号と名前を下の欄に、受験票と同じように書いて

   ください。

   Write your examinee registration number and name clearly in each box below as written on your test voucher.

4. この問題用紙は、全部で14ページあります

   This question booklet has 14 pages.

5. 問題には解答番号の1、2、3…があります。

   解答は、解答用紙にあるおなじ番号のところにマークしてください。

   One of the row numbers 1, 2, 3 … is given for each question. Mark your answer in the same row of the answer sheet.

受験番号　Examinee Registration Number	

名 前　Name	

もんだい1　（　　　）に　何を　入れますか。1・2・3・4から　いちばん　いい　ものを　一つ　えらんで　ください。

（例）　わたしは　毎朝　新聞　（　　　）　読みます。

　　　1　が　　　　　2　の　　　　　3　を　　　　　4　で

（解答用紙）　| （例） | ① ② ● ④ |

1　あと　5分（　　　）　映画が　はじまります。

　　　1　に　　　　　2　で　　　　　3　から　　　　　4　まで

2　今日　食べた　クッキーが　とても　おいしかったので、弟（　　　）　食べさせたいと　思いました。

　　　1　へ　　　　　2　にも　　　　　3　でも　　　　　4　が

3　母（　　　）　作った　ケーキは　あまくて　おいしいです。

　　　1　が　　　　　2　を　　　　　3　で　　　　　4　へ

4　鈴木「わたし（　　　）　できる　ことが　あったら　教えて　ください。」
　　本田「はい、ありがとうございます。」

　　　1　の　　　　　2　に　　　　　3　へ　　　　　4　と

5　今朝　さんぽの　（　　　）に　あやさんに　会いました。

　　　1　なか　　　　　2　ところ　　　　　3　うえ　　　　　4　途中

6　ひっこした　家は　学校（　　　　）　それほど　遠く　ありません。

1　しか　　　　　　2　へ　　　　　　　3　から　　　　　　4　を

7　東京<small>とうきょう</small>ゆきの　バスが　（　　　　）　来ますので、それに　乗って　ください。

1　ずっと　　　　　2　いつか　　　　　3　なかなか　　　　4　もうすぐ

8　A「あたらしく　できた　花屋<small>はなや</small>さん　行きましたか。」

　　B「あ、（　　　　）ですね。先週、行きました。」

1　そう　　　　　　2　ああ　　　　　　3　あそこ　　　　　4　そこ

9　その日の　予定<small>よてい</small>を　見て、パーティーに　行くか　（　　　　）　決<small>き</small>めます。

1　行かない　　　　　　　　　　　2　行かなくて

3　行かないか　　　　　　　　　　4　行かないが

10　学生「先生、話したいことが　ありますが、いま、時間　ありますか。」

　　先生「あ、いまから　（　　　　）　ところです。あしたは　どうですか。」

1　でかける　　　　　　　　　　　2　でかけて　いる

3　でかけた　　　　　　　　　　　4　でかけて　いた

11　山田<small>やまだ</small>さんが　辞書<small>じしょ</small>と　ノートを　忘<small>わす</small>れて　きたので、わたしのを　貸<small>か</small>して

　　（　　　　）。

1　あげました　　　　　　　　　　2　もらいました

3　くれました　　　　　　　　　　4　しました

12 A「あしたの　試験には　辞書を　持って　（　　　　）。」

B「はい、必要ですから、必ず　持って　きて　ください。」

1　きても　だめですか　　　　　　　2　こないと　いけないですか

3　こない　ほうが　いいですか　　　4　きては　いけないですか

13 A「店長、今朝から　ねつが　あって、きょうは　早く　（　　　　）。」

B「そうですか。きょうは　田中くんが　くるので　帰っても　いいです。」

1　帰りましょうか　　　　　　　　　2　帰った　つもりです

3　帰りたいです　　　　　　　　　　4　帰って　もらえますか

もんだい2　＿＿＿＿＿★＿＿＿に　入る　ものは　どれですか。1・2・3・4から
いちばん　いい　ものを　一つ　えらんで　ください。

（<ruby>問題例<rt>もんだいれい</rt></ruby>）

つくえの　＿＿＿　＿＿＿　★　＿＿＿　あります。

1　が　　　　　2　に　　　　　3　上　　　　4　ペン

（<ruby>答<rt>こた</rt></ruby>え<ruby>方<rt>かた</rt></ruby>）

1.<ruby>正<rt>ただ</rt></ruby>しい　<ruby>文<rt>ぶん</rt></ruby>を　<ruby>作<rt>つく</rt></ruby>ります。

つくえの　＿＿＿　＿＿＿　★　＿＿＿　あります。
3　上　　2　に　　4　ペン　　1　が

2.　＿★＿　に　<ruby>入<rt>はい</rt></ruby>る　<ruby>番号<rt>ばんごう</rt></ruby>を　<ruby>黒<rt>くろ</rt></ruby>く　<ruby>塗<rt>ぬ</rt></ruby>ります。

（<ruby>解答用紙<rt>かいとうようし</rt></ruby>）　| <ruby>(例)<rt>れい</rt></ruby> | ①　②　③　● |

14　パソコン　＿＿＿＿　＿＿＿＿　★　＿＿＿＿　ください。

1　して　　　　　2　なんでも　　　　3　なら　　　　　4　<ruby>相談<rt>そうだん</rt></ruby>

15　学校に　＿＿＿＿　＿＿＿＿　★　＿＿＿＿　<ruby>気<rt>き</rt></ruby>が　つきました。

1　<ruby>忘<rt>わす</rt></ruby>れて　きた　　　　　　　2　ことに

3　ついて　から　　　　　　　　4　<ruby>宿題<rt>しゅくだい</rt></ruby>を

16　学生「先生、　＿＿＿＿　＿＿＿＿　★　＿＿＿＿　ますか。」

先生「これは「たのしい」と　読みます。」

1　なんと　　　　　2　漢字は　　　　　3　読み　　　　　4　この

17　A「すしは　食べられますか。」

B「実は　小さい　時　＿＿＿＿　＿＿＿＿　★　＿＿＿＿　食べられません。」

1　だけ　　　　　2　は　　　　　3　さかな　　　　　4　から

もんだい3 [18] から [21] に 何を 入れますか。文章の 意味を 考えて、1・2・3・4から いちばん いい ものを 一つ えらんで ください。

下の 文章は 「友だち」に ついての 作文です。

「山口さんの 家の パーティー」

キム

　わたしと 山口さんは 大学の ときから ずっと 友だちです。山口さんは 駅の 中に ある 旅行会社で はたらいて います。彼の しごとは とても いそがしくて 平日は なかなか 会う ことが できません。[18] わたしたちは 1か月に 1回、週末に パーティーを ひらきます。大学の 友だちや 会社の 人などが あつまります。場所は 山口さんの 家で、駅から 歩いて 5分くらいの ところです。大きい 家で 広い にわが あって、[19] には 小さい いけも あります。

　パーティーに 来る 人は みんな ワインや ケーキなどを 持って 来ますが、わたしは いつも CDと 花を [20]。音楽と きれいな 花で、もっと パーティーが 楽しく なると 思うからです。パーティーに 来る 人は よく 知って いる 友だちも、はじめて 会う 人も います。この パーティーで 多くの 友だちが できて とても うれしいです。わたしの 国に 帰ったら この パーティーの ことを 家族にも [21]。

18

1　しかし　　　　2　たとえば　　　3　それで　　　　4　すると

19

1　あんな　　　　2　そこ　　　　　3　これ　　　　　4　あの

20

1　持って　います　　　　　　　2　持って　しまいます
3　持って　あげます　　　　　　4　持って　いきます

21

1　話したいと　思って　います　　2　話すかも　しれません
3　話したく　なります　　　　　　4　話す　つもりだそうです

もんだい４　つぎの（１）から（３）の文章を読んで、質問に答えてください。
　　　　答えは、１・２・３・４から、いちばんいいものを一つえらんで
　　　　ください。

（１）

これは、ヤンさんから届いた手紙です。

田中さんへ

おひさしぶりですね。もうすぐ日本に行くので、わくわくしています。

毎日学校で日本語の勉強をしていますが、難しくてうまく話せません。

日本に行ったら、日本料理の店で働く予定です。お店は大阪にあります。

田中さんも食べに来てください。田中さんと会えるのを楽しみにしています。

ヤン

22　　ヤンさんは日本で何をしますか。

1　日本語の学校に行きます。

2　料理の学校に行きます。

3　仕事をします。

4　旅行をします。

（2）

　きのうは雨が降りました。わたしはみんなとプールに行く約束をしていましたが、ほかの日に行くことにして、家で一人で映画を見ました。昔の古い映画です。みんなと楽しく遊ぶのもいいですが、たまには、家でゆっくりするのもいいと思いました。あしたは晴れると言うので、ショッピングに行こうと思っています。

23　「わたし」はきのう、何をしましたか。

1　プールに行きました。

2　映画を見ました。

3　みんなと遊びました。

4　ショッピングに行きました。

（3）

　わたしの家の隣には大きい公園があります。いつもこどもたちが遊ぶ大きい声が聞こえます。こどもたちの声がうるさいという人もいますが、わたしは元気でいいと思います。この公園ではボールを使ってはいけないのですが、ボール遊びをするこどもたちがときどきいて、よくわたしの家の窓に当たるので困っています。夜はとても静かで、犬の散歩をする人や運動をする人がいます。

24　公園でしてはいけないことは何ですか。

1　大きい声を出してはいけません。

2　ボールで遊んではいけません。

3　夜に公園に入ってはいけません。

4　犬の散歩をしてはいけません。

もんだい５　つぎの文章を読んで、質問に答えてください。答えは１・２・３・４から、いちばんいいものを一つえらんでください。

　わたしは今はたちで、妹はわたしより１つ下です。年が近いのでとても仲がよく、よくいろいろなことを一緒にします。美術館に行ったり、カフェに行ってケーキを食べたりします。

　わたしも妹もスポーツが好きです。妹は２年前からずっとスポーツジムに通っています。いつも「お姉ちゃんも一緒に行こうよ。」と言いますが、わたしは通っていません。妹はまだ車の運転ができないので、スポーツジムへは自転車に乗って行っています。

　先週は母の誕生日でした。わたしと妹はデパートにプレゼントを買いに行きました。わたしはフライパンにしようと言いましたが、妹が体にいいお茶にしようと言ったので、それを買いました。母は毎日掃除をしたり、ご飯を作ったりして忙しいので、健康に気をつけてほしいと思ったからです。そして、妹と二人で夕食を作りました。妹がサラダを作って、わたしがステーキを作りました。母はとても喜んで、「こんな誕生日ははじめて。」と言いました。わたしも妹もうれしかったです。

　夕食のあとに、プレゼントしたお茶をみんなで飲みました。妹とわたしは「来年もまたやろうね。」と約束しました。

25 妹とどんなことを一緒にしますか。

1 美術館に行きます。

2 スポーツジムに行きます。

3 自転車に乗ります。

4 映画を見ます。

26 こんな誕生日とありますが、どんな誕生日ですか。

1 友だちと一緒のにぎやかな誕生日

2 レストランでおいしいご飯を食べる誕生日

3 ほしいプレゼントを買いに行く誕生日

4 娘がお祝いしてくれる誕生日

27 この文章と合っていないものはどれですか。

1 妹は19さいです。

2 わたしと妹は運動が好きです。

3 妹は来年の誕生日にお茶がほしいです。

4 母の誕生日は先週でした。

もんだい6　つぎのちらしを見て、下の質問に答えてください。答えは、1・2・3・4から、いちばんいいものを一つえらんでください。

28　バレエを初めて習う中学生が最初に払うお金はいくらですか。

1　6000円

2　7000円

3　11,000円

4　13,000円

29　小学生の田中くんはダンスを習いたいです。いつ何時にどこへ行けばいいですか。クラスは中級です。

1　月曜日、16時までに第2スタジオに行きます。

2　火曜日、15時までに第1スタジオに行きます。

3　木曜日、15時までに第2スタジオに行きます。

4　土曜日、11時までに第1スタジオに行きます。

ダンス・バレエ教室オープン！

駅前にダンス・バレエ教室がオープンしました。

1月4日からスタートします。

ダンスやバレエに興味がある人も、ない人も、一度見に来てください。

	月	火	木	土
小学生	ダンスA 16時～17時	バレエA 15時～16時	ダンスB 15時～16時	バレエB 11時～12時
中学生	バレエA 17時～18時	ダンスA 17時～18時	バレエB 18時～19時	ダンスB 13時～14時

費用

授業料　　小学生ダンス　　　　５０００円/月
　　　　　小学生バレエ　　　　５０００円/月
　　　　　中学生ダンスＡ　　　５０００円/月
　　　　　中学生ダンスＢ　　　６０００円/月
　　　　　中学生バレエＡ　　　６０００円/月
　　　　　中学生バレエＢ　　　７０００円/月

■　Aは初級、Bは中級のクラスです。

■　バレエは第1スタジオ、ダンスは第2スタジオで行います。

■　練習で使う服はダンスが 5000 円、バレエが 7000 円です。
　　最初の授業料と一緒に払ってください。

■　靴は自分で準備してください。

N4

ちょう　かい
聴解

ふん
（35分）

ちゅう　い
注　意
Notes

しけん　はじ　　　　　　　　　　　　　もんだいようし　あ
1. 試験が始まるまで、この問題用紙を開けないでください。
   Do not open this question booklet until the test begins.

もんだいようし　　も　　かえ
2. この問題用紙を持って帰ることはできません。
   Do not take this question booklet with you after the test.

じゅけんばんごう　　なまえ　した　らん　　じゅけんひょう　おな　　　　か
3. 受験番号と名前を下の欄に、受験票と同じように書いて

   ください。
   Write your examinee registration number and name clearly in each box below as written on your test voucher.

もんだいようし　　　　ぜんぶ
4. この問題用紙は、全部で15ページあります。
   This question booklet has 15 pages.

もんだいようし
5. この問題用紙にメモをとってもいいです。
   You may make notes in this question booklet.

じゅけんばんごう
受験番号　Examinee Registration Number

なまえ
名前　Name

もんだい1

　もんだい1では、まず　しつもんを　聞いて　ください。それから　話を
聞いて、もんだいようしの　1から4の　中から、いちばん　いい　ものを
一つ　えらんで　ください。

れい

1　ぎゅうにゅう　　1本だけ

2　ぎゅうにゅう　　1本と　チーズ

3　ぎゅうにゅう　　2本だけ

4　ぎゅうにゅう　　2本と　チーズ

1 ばん

1　8月2日から　4日まで

2　8月2日から　5日まで

3　8月20日から　24日まで

4　8月20日から　28日まで

2 ばん

3 ばん

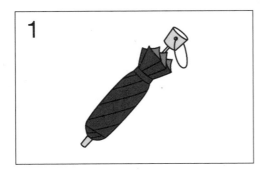

1

2

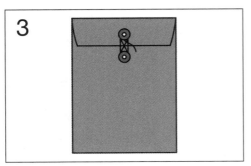

3

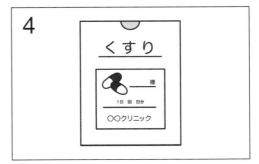

4

4 ばん

1

2

3

4

5 ばん

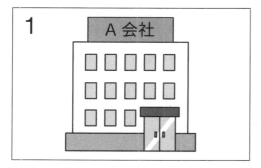

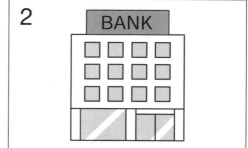

6 ばん

7 ばん

8 ばん

もんだい2

　もんだい2では、まず　しつもんを　聞いて　ください。そのあと、もんだいようしを　見て　ください。読む　時間が　あります。それから　話を　聞いて、もんだいようしの　1から4の　中から、いちばん　いい　ものを　一つ　えらんで　ください。

れい

1　へやが　せまいから

2　ばしょが　ふべんだから

3　たてものが　古いから

4　きんじょに　ともだちが　いないから

1ばん

1 ホテルの しごと

2 びょういんの しごと

3 じむの しごと

4 りょうりの しごと

2ばん

1 じしょ

2 くるまの ほん

3 どうぶつの ほん

4 さかなの ほん

3ばん

1　13にち

2　16にち

3　17にち

4　18にち

4ばん

1　くもり

2　はれ

3　あめ

4　ゆき

5 ばん

1 あさ

2 ひる

3 ゆうがた

4 よる

6 ばん

1 ほんを　さがす

2 じゅぎょうを　うける

3 レポートを　かく

4 サークルの　れんしゅうを　する

7ばん

1 あおの 大^{おお}きな バッグ

2 くろの 大きな バッグ

3 あおの 小さな バッグ

4 くろの 小さな バッグ

7ばん

1 あおの 大きな バッグ

2 くろの 大きな バッグ

3 あおの 小さな バッグ

4 くろの 小さな バッグ

もんだい3

　もんだい3では、えを　見_みながら　しつもんを　聞_きいて　ください。
➡（やじるし）の　人_{ひと}は　何_{なん}と　言_いいますか。1から3の　中_{なか}から、いちばん
いい　ものを　一_{ひと}つ　えらんで　ください。

れい

1 ばん

2 ばん

3 ばん

4 ばん

5 ばん

もんだい4

　もんだい4では、えなどが　ありません。まず　ぶんを　聞いて　ください。それから、そのへんじを　聞いて、1から3の　中から、いちばん　いいものを　一つ　えらんで　ください。

－ メモ －

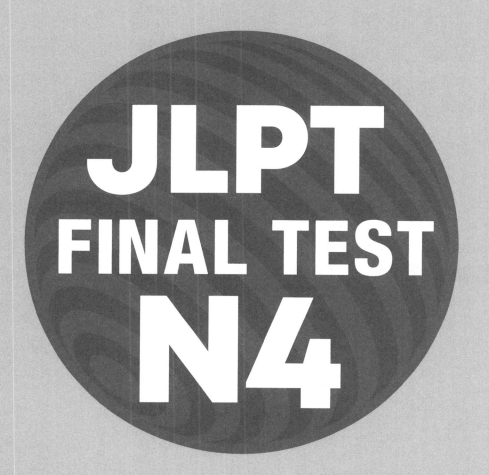

JLPT FINAL TEST N4

파이널 테스트 3회

N4 파이널 테스트 채점표

자신의 실력이 어느 정도인지 확인할 수 있도록 임의적으로 만든 채점표입니다.
실제 시험은 상대 평가 방식이므로 오차가 발생할 수 있습니다.

언어지식 (문자 · 어휘 · 문법) · 독해

	문제	배점	만점	정답 문항 수	점수
문자 · 어휘	문제 1	1점×7문항	7		
	문제 2	1점×5문항	5		
	문제 3	1점×8문항	8		
	문제 4	1점×4문항	4		
	문제 5	1점×4문항	4		
문법	문제 1	1점×13문항	13		
	문제 2	1점×4문항	4		
	문제 3	1점×4문항	4		
독해	문제 4	6점×3문항	18		
	문제 5	6점×3문항	18		
	문제 6	6점×2문항	12		
	합계		97점		

*점수 계산법 : 언어지식(문자 · 어휘 · 문법) · 독해 [   ]점÷97×120 = [   ]점

청해

	문제	배점	만점	정답 문항 수	점수
청해	문제 1	2점×8문항	16		
	문제 2	2점×7문항	14		
	문제 3	2점×5문항	10		
	문제 4	2점×8문항	16		
	합계		56점		

*점수 계산법 : 청해 [   ]점÷56×60 = [   ]점

*총점 : [   ]점

N4
げんごちしき (もじ・ごい)
(25ふん)

ちゅうい
Notes

1. しけんが　はじまるまで、この　もんだいようしを　あけないで
ください。
   Do not open this question booklet until the test begins.

2. この　もんだいようしを　もって　かえる　ことは　できません。
   Do not take this question booklet with you after the test.

3. じゅけんばんごうと　なまえを　したの　らんに、じゅけんひょうと
おなじように　かいて　ください。
   Write your examinee registration number and name clearly in each box below as written on your test voucher.

4. この　もんだいようしは　ぜんぶで　9ページ　あります。
   This question booklet has 9 pages.

5. もんだいには　かいとうばんごうの　1、2、3 …が　あります。
かいとうは、かいとうようしに　ある　おなじ　ばんごうの　ところに
マークして　ください。
   One of the row numbers 1, 2, 3 … is given for each question. Mark your answer in the same row of the answer sheet.

じゅけんばんごう　Examinee Registration Number	

なまえ　Name	

もんだい1 ＿＿＿の ことばは ひらがなで どう かきますか。1・2・
3・4から いちばん いい ものを ひとつ えらんで ください。

（例） わたしの せんもんは <u>文学</u>です。

1 いがく　　　　2 かがく　　　　3 ぶんがく　　　4 すうがく

（かいとうようし）| （例） | ① ② ● ④ |

---

1 <u>先</u>から 何を <u>探して</u> いますか。

1 けして　　　　2 さがして　　　3 おとして　　　4 かくして

2 10分まえに <u>準備して</u> ください。

1 しゅんび　　2 じゅんひ　　3 じゅんび　　4 じょんび

3 こんな <u>形</u>は はじめてです。

1 かたち　　　2 いろ　　　　3 におい　　　4 あじ

4 あの <u>店</u>の 人は <u>親切</u>です。

1 ちんせつ　　2 じんせつ　　3 しんせつ　　4 ちんぜつ

5 この メモを <u>伝えて</u> ほしいです。

1 つたえて　　2 ふえて　　　3 あえて　　　4 かぞえて

6 その　日は　都合が　わるいです。

1　つごう　　　　　2　ぶあい　　　　　3　つご　　　　　4　つうごう

7 今週は　とても　忙しかったです。

1　たのしかった　　　　　　　　2　すずしかった

3　さびしかった　　　　　　　　4　いそがしかった

3
회

もんだい2 ＿＿＿＿＿の ことばは どう かきますか。1・2・3・4から いちばん いい ものを ひとつ えらんで ください。

(例) ふねで にもつを おくります。

1 近ります　　　2 逆ります　　　3 辺ります　　　4 送ります

（かいとうようし）　| **(例)** | ① ② ③ ● |

---

8 ゆうはんは いつも ひとりで 食べます。

1 夕食　　　2 夕飯　　　3 夕飲　　　4 夕飼

9 あたらしい ことばを じしょで しらべる。

1 調べる　　　2 訂べる　　　3 計べる　　　4 説べる

10 ごはんを たべた あと、おちゃを のみましょう。

1 お芋　　　2 お草　　　3 お薬　　　4 お茶

11 あおい いろの シャツが ほしいです。

1 素い　　　2 黒い　　　3 赤い　　　4 青い

12 やっと テストが おわりました。

1 絵わりました　　　　　　2 経わりました

3 終わりました　　　　　　4 続わりました

もんだい3　（　　　　）に　なにを　いれますか。1・2・3・4から
　　　　　　いちばん　いい　ものを　ひとつ　えらんで　ください。

（例）　スーパーで　もらった　（　　　　）を　見ると、何を　買ったか　わかります。

　　1　レジ　　　　　　　2　レシート　　　　　3　おつり　　　　　4　さいふ

　　（かいとうようし）　| (例) | ① ● ③ ④ |

13　この　道を　（　　　　）行って、橋を　渡って　ください。

　　1　すこし　　　　　2　まっすぐ　　　　3　きっと　　　　　4　ちょうど

14　有名な　たてものですから、写真を　とりに　くる　人も　（　　　　）です。

　　1　さびしかった　　　　　　　　　2　おおかった

　　3　すくなかった　　　　　　　　　4　おもしろかった

15　たばこを　（　　　　）ほうが　いいと　医者に　いわれました。

　　1　おわった　　　　2　しめた　　　　3　とまった　　　　4　やめた

16　だれが　いちばん　さきに　つくか、みんなで　（　　　　）しませんか。

　　1　きゅうこう　　2　しょうたい　　3　しあい　　　　4　しゅうかん

17　しゅくだいを　一日で　10（　　　　）も　しました。

　　1　メートル　　　　2　ページ　　　　3　グラム　　　　4　センチ

18 きのうは、しごとが　おおくて　かえりが　（　　　　）　なりました。

1 すくなく　　　　2 あつく　　　　　3 いたく　　　　4 おそく

19 こんしゅうの　土曜日、6時半から　ごにんで　（　　　　）　できますか。

1 やくそく　　　　2 ようい　　　　　3 よやく　　　　4 よてい

20 すずきさんが　3日も　学校^{がっこう}を　やすんで、みんな　（　　　　）　しました。

1 しんぱい　　　　2 せわ　　　　　　3 けっか　　　　4 でんわ

もんだい4 ＿＿＿＿＿の ぶんと だいたい おなじ いみの ぶんが
あります。1・2・3・4から いちばん いい ものを ひとつ
えらんで ください。

（例） でんしゃの 中で さわがないで ください。

1 でんしゃの 中で ものを たべないで ください。

2 でんしゃの 中で うるさく しないで ください。

3 でんしゃの 中で たばこを すわないで ください。

4 でんしゃの 中で きたなく しないで ください。

（かいとうようし） | （例） | ① ● ③ ④ |

---

21 わたしの しゅみは どくしょです。

1 わたしは ほんを よむのが すきです。

2 わたしは ごはんを たべるのが すきです。

3 わたしは えいがを 見るのが すきです。

4 わたしは プールで およぐのが すきです。

22 アルバイトは はじめてです。

1 アルバイトは とても おもしろいです。

2 アルバイトを するのは たいへんです。

3 アルバイトは いっしょうけんめいに して います。

4 アルバイトは いちども した ことが ありません。

23 よやくが　できて　いるか、もう　いちど　チェックして　ください。

1 よやくが　できて　いるか、もう　いちど　おねがいして　ください。

2 よやくが　できて　いるか、もう　いちど　しまって　ください。

3 よやくが　できて　いるか、もう　いちど　しらべて　ください。

4 よやくが　できて　いるか、もう　いちど　かいて　ください。

24 妹と　けんかを　して　お父さんに　しかられました。

1 妹と　けんかを　して　お父さんに　ほめられました。

2 妹と　けんかを　して　お父さんに　おこられました。

3 妹と　けんかを　して　お父さんに　よろこばれました。

4 妹と　けんかを　して　お父さんに　わらわれました。

もんだい5　つぎの　ことばの　つかいかたで　いちばん　いい　ものを　1・2・3・4から　ひとつ　えらんで　ください。

<ruby>（例）<rt>れい</rt></ruby>　すてる

1　へやを　ぜんぶ　<u>すてて</u>　ください。

2　ひどい　ことを　するのは　<u>すてて</u>　ください。

3　ここに　いらない　ものを　<u>すてて</u>　ください。

4　学校の　本を　かばんに　<u>すてて</u>　ください。

（かいとうようし）　| <ruby>（例）<rt>れい</rt></ruby> | ① | ② | ● | ④ |

3
回

25　そうだん

1　じしょの　つかいかたを　<ruby>田中<rt>たなか</rt></ruby>さんに　<u>そうだん</u>しました。

2　たんごが　わからないので、じしょで　<u>そうだん</u>しました。

3　パスタは　いくらか　てんいんに　<u>そうだん</u>しました。

4　すきな　かのじょの　ことで　友だちに　<u>そうだん</u>しました。

26　ひどい

1　うみの　みずが　<u>ひどく</u>　ながれて　います。

2　びょうきが　<u>ひどく</u>　なったので　びょういんに　行きました。

3　学生は　<u>ひどく</u>　日本語の　れんしゅうを　しました。

4　こんしゅうは　やすみなので　<u>ひどく</u>　ねます。

27 かたづける

1 きょうは　やすみだったので、へやを　<u>かたづけました</u>。

2 みんな　二つの　グループに　<u>かたづけて</u>　しゅくだいを　します。

3 友だちに　あげる　あめを　きれいな　はこに　<u>かたづけます</u>。

4 いろいろな　いけんを　<u>かたづけて</u>　けつろんを　きめました。

28 ちゅうし

1 でんしゃが　きゅうに　<u>ちゅうしして</u>　がっこうに　おくれて　しまった。

2 あした　雨^{あめ}だったら　うんどうかいは　<u>ちゅうしします</u>。

3 すずきさんは　かぜで、今日　がっこうを　<u>ちゅうししたらしい</u>。

4 コーヒーを　のみすぎる　のは　よくないので、<u>ちゅうしします</u>。

N4

言語知識（文法）・読解

（55分）

注　意
Notes

1. 試験が始まるまで、この問題用紙を開けないでください。
   Do not open this question booklet until the test begins.

2. この問題用紙を持って帰ることはできません。
   Do not take this question booklet with you after the test.

3. 受験番号と名前を下の欄に、受験票と同じように書いて
   ください。
   Write your examinee registration number and name clearly in each box below as written on your test voucher.

4. この問題用紙は、全部で14ページあります
   This question booklet has 14 pages.

5. 問題には解答番号の 1 、 2 、 3 …があります。
   解答は、解答用紙にあるおなじ番号のところにマークしてください。
   One of the row numbers 1 , 2 , 3 … is given for each question. Mark your answer in the same row of the answer sheet.

受験番号 Examinee Registration Number	

名前 Name	

もんだい1　（　　　　）に　何を　入れますか。1・2・3・4から
　　　　　　いちばん　いい　ものを　一つ　えらんで　ください。

(例)　わたしは　毎朝　新聞　（　　　　）読みます。

　　1　が　　　　　　　2　の　　　　　　　3　を　　　　　　　4　で

　　（解答用紙）　|　(例)　|　①　②　●　④　|

1　駅の　ホームで　さいふを　ひろったので、交番（　　　　）届けました。

　　1　で　　　　　　2　に　　　　　　　3　と　　　　　　4　を

2　あたらしい　家は　がっこうから　ちかくて、歩いて　（　　　　）着きます。

　　1　10分しか　　　2　10分を　　　　3　10分で　　　　4　10分

3　ワインは　ぶどう（　　　　）作られます。

　　1　まで　　　　　2　から　　　　　3　ので　　　　　4　ため

4　きのうの　説明だけでは　よく　わからないです。（　　　　）くわしく

　　教えて　ください。

　　1　だんだん　　　2　なかなか　　　3　きっと　　　　4　もっと

5　その日の　天気を　見て、うわぎを　（　　　　）決めて　います。

　　1　着るか　どうか　　　　　　　　　2　着たり

　　3　着るのに　　　　　　　　　　　　4　着ても

6 この携帯でんわは　使いかたが　（　　　　）、とても　便利です。

1　簡単　　　　　　　2　簡単で　　　　　　3　簡単でも　　　　　4　簡単じゃなくて

7 彼の　しんせつな　説明は　参加者を　（　　　　）　ことが　できた。

1　安心する　　　　2　安心される　　　3　安心させる　　　4　安心させられる

8 （レストランで）

山田「キムさん、メニューの　中から　（　　　　）　好きな　ものを　えらんで

　　　　ください。きょうは　わたしが　おごります。」

キム「うわ、いいですか。ありがとうございます。」

1　どれ　　　　　　　2　どれも　　　　　3　どれで　　　　　4　どれでも

9 今週の　うた練習は　きゅうに　用事が　できたので、わたしは　（　　　　）。

1　行かないで　ください　　　　　　　2　行けないほうが　いいです

3　行っては　いけません　　　　　　　4　行けないかも　しれません。

10 A「歌が　じょうずですね。テレビに　出てくる　（　　　　）　人ですね。」

B「そうですか。ありがとうございます。」

1　ような　　　　　　2　ようだ　　　　　3　みたい　　　　　4　そうに

11 森　「田中さん、夕飯は　何を　食べましょうか。」

田中「すみません。昼ごはんを　遅く　食べましたから、今は　何も

　　　　（　　　　）です。」

1　食べて　　　　　2　食べたい　　　　3　食べたくない　　4　食べたかった

12 妹「お兄ちゃん。この本　おもしろかった。もう　読んだ？」

兄「ううん、まだ　（　　　　　）。」

妹「じゃ、わたしは　もう　読みおわったから　貸して　あげようか。」

兄「うん。ありがとう。」

1　読んで　いる

2　読んで　いた

3　読まない

4　読んで　いない

13 女「すみません。傘を　持って　いたら　（　　　　　）。」

男「雨ですか。いいですよ。じゃ、どうぞ。」

1　貸しても　いいですか

2　貸して　もらえますか

3　貸さないと　いけませんか

4　貸して　いませんか

もんだい2　_____★_____　に　入る　ものは　どれですか。1・2・3・4から　いちばん　いい　ものを　一つ　えらんで　ください。

_{もんだいれい}
（問題例）

つくえの　_____　_____　★_____　_____　あります。

1　が　　　　　2　に　　　　　3　上　　　　　4　ペン

_{こた}（答え_{かた}方）

1. 正しい　文を　作ります。

> つくえの　_____　_____　★_____　_____　あります。
>
> 　3　上　　2　に　　4　ペン　　1　が

2. ___★___　に　入る　番号を　黒く　塗ります。

（解答用紙）　| （例）| ①　②　③　● |

14　駅の　前に　コンビニが　_____　_____　_____★　_____。

1　そこで　　　　　2　から　　　　　3　会いましょう　　4　あります

15　女「雨が　降りそうですね。そろそろ　帰りましょうか。」

男「すみません。これを　明日　_____　_____　★_____　_____、おさきに　どうぞ。」

1　やらないと　　2　ので　　　　　3　いけない　　　　4　までに

16 わたしは、日本アニメーションを ＿＿＿ ＿＿＿ ★ ＿＿＿
して います。

1 日本語の　　　　2 みたくて　　　　3 勉強を　　　　4 日本語で

17 A 「わたしは 肉より 野菜のほうが すきです。」

B 「いいですね。うちの ＿＿＿ ＿＿＿ ★ ＿＿＿ こまります。」

1 食べたがら　　　2 なくて　　　　3 野菜を　　　　4 弟は

もんだい3　18 から 21 に 何を 入れますか。文章の 意味を 考えて、
　　　　　1・2・3・4から いちばん いい ものを 一つ えらんで
　　　　　ください。

　下の 文章は、留学生の 作文です。

日本の きっさてん

　わたしは きっさてんで コーヒーを 飲むのが 好きです。今日も きっさてんに きて います。日本の きっさてんは、韓国 18 違って ずっと 明るいです。そして、お昼にも 新聞を 読む サラリーマンや、まんがを 読んで いる 学生など、一人で 来て いる 人が 多いです。

　コーヒーは インスタントを つかう 店は ほとんど 19 。これは いい ことだと 思います。そして、飲みものだけではなく、トーストと サラダの モーニング・セットや ランチ・タイムには かるい 食事の セットなど、メニューも とても いろいろ あります。 20 、日本の だいひょうてきな 緑茶が ある 店は 少ないです。毎日 家で 飲んで いるからでしょうか。いつも ふしぎに 21 。

18

   1 と   2 より   3 は   4 が

19

   1 ありました   2 あると　思いました
   3 あるかも　しれません   4 ありません

20

   1 たとえば   2 しかし   3 それに   4 だから

21

   1 思うはずです   2 思って　いました
   3 思うためです   4 思うようです

もんだい４　つぎの（1）から（3）の文章を読んで、質問に答えてください。
**　　　　　答えは、１・２・３・４から、いちばんいいものを一つえらんで**
**　　　　　ください。**

（1）

　これは、アリさんから田中さんに届いたメールです。

　田中さん、おはようございます。

　風邪をひいてしまったので、今日は大学を休んで病院に行きます。

　それから、週末は家でゆっくり休みたいので、食事はまた今度にしましょう。

　来週は休めない授業があるので、必ず行くつもりです。

　また、来週会いましょう。

22　　アリさんは来週、何をすると言っていますか。

　　１　病院に行きます。

　　２　大学に行きます。

　　３　家で休みます。

　　４　田中さんと食事をします。

（2）

佐藤さんは ABC スーパーのセールのお知らせをもらってきました。

ただいま、セールをしています！

◆　セール期間は１月４日（月）から１月１７日（日）までです。

◆　期間中はいつもより１時間長い、夜９時まで開いています。

◆　パン、お菓子は全部 30％、その他の食べ物は 20％安くなります。

◆　セール期間に ABC カードを作ると、1000 円のお買物券をプレゼントします。

ぜひ、このチャンスに来てください。

23　この広告から、わかることは何ですか。

1　セールの期間は１か月です。

2　一番安くなるものはパンとお菓子です。

3　セールの間は、夜 10 時に店が閉まります。

4　セールの時に買い物をすると、お買物券がもらえます。

（3）

山田さんは週に３回アルバイトをしています。女の人の洋服を売る店です。駅からは遠いですが、とても大きな店なのでお客さんが多く、忙しいです。デパートよりも値段が安く、デザインもいいので特に若い女の人が多く来ます。店の周りには子ども服の店とレストラン、銀行、それから、小さいコンビニがあります。山田さんは仕事の休み時間にときどきコンビニで飲み物を買って飲みます。

3回

23 山田さんはどんな店でアルバイトをしていますか。

1 駅前にある小さな洋服屋

2 子ども服が中心の洋服屋

3 デパートの中の高級な洋服屋

4 若い女性に人気のある洋服屋

TN

もんだい５　つぎの文章を読んで、質問に答えてください。答えは１・２・３・４から、いちばんいいものを一つえらんでください。

　小さいころから、わたしは母に「ものを大切にしなさい。」とよく言われていました。そのため、古くなったものや、使わなくなったものも、取っておくことが習慣になりました。

　けれど、ものはどんどん増えていって、とうとう片づける場所がなくなってしまいました。それで、先月、わたしはようやくものを捨てる準備を始めました。本棚や押し入れの中にあるものを全部出すと、部屋の中はものでいっぱいになりました。それらを整理してみると、今使っているものよりも、長い間使っていないもののほうが多く、わたしは驚きました。
①

　けれど、結局何も捨てませんでした。お金を捨てるような気持ちになってしまい、捨てるのがもったいなくなってしまったからです。

　次の日、わたしは母にそのことを話しました。すると母は「捨てていいのよ。そうすれば、残ったものをもっと大切にするようになるから。」と言いました。それで、
②
やっと捨てることができました。今は、前よりもよく考えてから買うようになり、もっとものを大切にするようになりました。

25 「わたし」にはどんな習慣_{しゅうかん}がありましたか。

1　ものを買わない習慣_{しゅうかん}

2　ものを捨_すてない習慣_{しゅうかん}

3　ものを片_{かた}づけない習慣_{しゅうかん}

4　ものを集_{あつ}める習慣_{しゅうかん}

26 ①驚_{おどろ}きましたとありますが、何に驚きましたか。

1　ものをしまう場所がなくなったこと

2　思ったより多くのものがあったこと

3　部屋がきれいになったこと

4　使っていないもののほうが多かったこと

27 ②捨てていいのよとありますが、どうしてですか。

1　部屋をきれいにすることのほうが大切だから

2　ものが少ないほうが大事にできるから

3　必要になった時にまた買えばいいから

4　もう十分に長い間使ったから

もんだい6　右のお知らせを見て、下の質問に答えてください。答えは、1・2・3・4から、いちばんいいものを一つえらんでください。

28　ジョンさんは日本人と日本語で話すことのできるアルバイトをしたいと思っています。平日は1時から4時まで学校があり、午前中と午後5時からは働けます。週末はいつでも働けます。できるだけ長い時間働きたいとき、ジョンさんが選べるのはどれですか。

1　②

2　③

3　④

4　⑤

29　チョンさんはアルバイトを探しています。英語と韓国語と日本語が上手で、それらのうちどれかを使う仕事がしたいです。1時間にもらえるお金は1000円以上がいいです。チョンさんが選べるものはどれですか。

1　①と②

2　③と④

3　②と④と⑤

4　③と④と⑤

アルバイト募集のお知らせ

場所	仕事の説明	もらえるお金
① 観光案内所	・外国人客に外国語で案内をする仕事です。 ・英語か中国語ができる方。午前９時から午後５時までのあいだで好きな時間に働けます。	１時間 800 円
② 山下小学校	・子どもたちにあなたの国の文化を伝える仕事です。 ・日本語であなたの国の文化を紹介してください。週に１回、水曜日の午前８時半から１０時半までの２時間です。	１回 3000 円
③ 山下博物館	・博物館の資料を外国語に直す仕事です。 ・フランス語、ドイツ語、中国語のどれかができる方。	１時間 2000 円
④ あおぞら外国語教室	・外国語を教える仕事です。 ・英語と韓国語の先生を募集しています。日本語で説明ができる方。平日午後５時から８時まで。	１時間 1500 円
⑤ レストラン「ふじ」	・日本料理のお店でお客さんに料理を出す仕事です。 ・日本語の会話と聞き取りが上手な明るい方。土曜日と日曜日の午後４時から１０時まで。	１時間 1000 円

※ アルバイトを希望する人、質問のある人は、事務室まで来てください。
（担当　田中先生 / 林先生）

N4

ちょう かい
聴解

ふん
（35分）

ちゅう い
注　意
Notes

し けん はじ もんだいよう し あ
1. 試験が始まるまで、この問題用紙を開けないでください。
   Do not open this question booklet until the test begins.

もんだいよう し も かえ
2. この問題用紙を持って帰ることはできません。
   Do not take this question booklet with you after the test.

じゅけんばんごう な まえ した らん じゅけんひょう おな か
3. 受験番号と名前を下の欄に、受験票と同じように書いて

ください。
   Write your examinee registration number and name clearly in each box below as written on your
   test voucher.

もんだいよう し ぜん ぶ
4. この問題用紙は、全部で15ページあります。
   This question booklet has 15 pages.

もんだいよう し
5. この問題用紙にメモをとってもいいです。
   You may make notes in this question booklet.

じゅけんばんごう
受験番号 Examinee Registration Number

な まえ
名 前 Name

もんだい1

　もんだい1では、まず　しつもんを　聞いて　ください。それから　話を
聞いて、もんだいようしの　1から4の　中から、いちばん　いい　ものを
一つ　えらんで　ください。

れい

1　ぎゅうにゅう　1本だけ

2　ぎゅうにゅう　1本と　チーズ

3　ぎゅうにゅう　2本だけ

4　ぎゅうにゅう　2本と　チーズ

1 ばん

1 入学式に　行きます。

2 買い物に　行きます。

3 髪を　切りに　行きます。

4 カメラを　確認します。

2 ばん

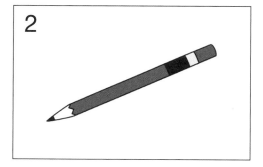

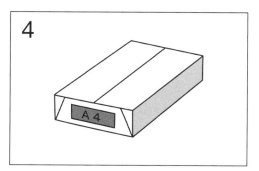

3 ばん

4 ばん

1 月曜日
2 火曜日
3 水曜日
4 木曜日

5ばん

1 ホテルに 電話を する。

2 客を 迎えに 行く。

3 飛行機に 乗る。

4 資料を 作る。

6ばん

7 ばん

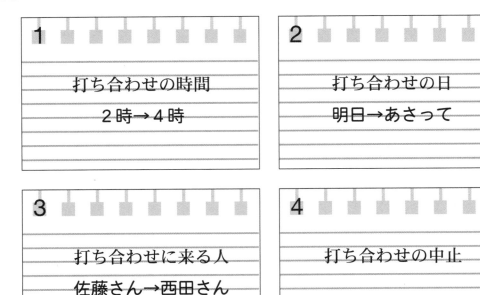

8 ばん

もんだい２

　もんだい２では、まず　しつもんを　聞いて　ください。そのあと、もんだいようしを　見て　ください。読む　時間が　あります。それから　話を　聞いて、もんだいようしの　１から４の　中から、いちばん　いい　ものを　一つ　えらんで　ください。

れい

1　へやが　せまいから

2　ばしょが　ふべんだから

3　たてものが　古いから

4　きんじょに　ともだちが　いないから

1 ばん

1 家に　テレビが　ないから

2 見たい　番組が　ないから

3 時間が　ないから

4 目が　悪くなるから

2 ばん

1 3日

2 8日

3 9日

4 10日

3 ばん

1 書類
_{しょるい}

2 かばん

3 財布
_{さい ふ}

4 手帳
_{て ちょう}

4 ばん

1 頭
_{あたま}

2 手
_て

3 顔
_{かお}

4 足
_{あし}

5 ばん

1 賞を　もらった　こと

2 発音を　ほめられた　こと

3 外国人の　先生と　話した　こと

4 成績が　上がった　こと

6 ばん

1 青い、大きな　カップ

2 青い、冷めにくい　カップ

3 白い、ふたの　ついた　カップ

4 白い、小さな　カップ

7ばん

1 友_{とも}だちに　会_あいます。

2 勉強_{べんきょう}を　します。

3 本_{ほん}を　借_かります。

4 本_{ほん}を　返_{かえ}します。

3
회

もんだい3

　もんだい3では、えを　見ながら　しつもんを　聞いて　ください。
➡（やじるし）の　人は　何と　言いますか。1から3の　中から、いちばん
いい　ものを　一つ　えらんで　ください。

れい

1 ばん

2 ばん

3 ばん

4 ばん

5 ばん

もんだい４

　もんだい４では、えなどが　ありません。まず　ぶんを　聞いて　ください。それから、そのへんじを　聞いて、１から３の　中から、いちばん　いいものを　一つ　えらんで　ください。

－ メモ －

N5 파이널 테스트 1회
정답 및 청해 스크립트

1교시 언어지식(문자·어휘)

문제1	**1** ②	**2** ③	**3** ④	**4** ①	**5** ①	**6** ③	**7** ③		
문제2	**8** ④	**9** ④	**10** ②	**11** ③	**12** ③				
문제3	**13** ①	**14** ①	**15** ②	**16** ②	**17** ④	**18** ③			
문제4	**19** ①	**20** ④	**21** ②						

1교시 언어지식(문법) / 독해

문제1	**1** ②	**2** ①	**3** ③	**4** ④	**5** ②	**6** ①	**7** ①	**8** ①	**9** ④
문제2	**10** ①	**11** ②	**12** ②	**13** ③					
문제3	**14** ①	**15** ④	**16** ①	**17** ③					
문제4	**18** ③	**19** ①							
문제5	**20** ③	**21** ③							
문제6	**22** ③								

2교시 청해

문제1	**1** ③	**2** ③	**3** ③	**4** ②	**5** ①	**6** ④	**7** ②
문제2	**1** ③	**2** ④	**3** ①	**4** ③	**5** ④	**6** ②	
문제3	**1** ③	**2** ①	**3** ①	**4** ①	**5** ①		
문제4	**1** ①	**2** ①	**3** ③	**4** ②	**5** ①	**6** ③	

もんだい1

もんだい1では、はじめに　しつもんを　きいて　ください。それから　はなしを　きいて、もんだいようしの　1から4の　なかから、いちばん　いい　ものを　ひとつ　えらんで　ください。

れい

クラスで先生が話しています。学生は、今日家で、どこを勉強しますか。

F　では、今日は20ページまで終わりましたから、21ページは宿題ですね。

M　全部ですか。

F　いえ、21ページの1番です。2番は、クラスでします。

学生は、今日家で、どこを勉強しますか。

1ばん

男の人と女の人が話しています。女の人はどれを食べますか。

F　くだものが、たくさんありますね。

M　わたしはぶどうを食べます。田中さんは？

F　わたしは、りんごにします。

M　ひとつじゃなくてもいいですよ。

F　そうですか。じゃあ、みかんもください。

女の人はどれを食べますか。

2ばん

女の人と男の人が話しています。女の人はどの箱をとりますか。

M　すみませんが、その箱をとってください。

F　どの箱ですか。

M　棚のいちばん下にある箱です。ふたつありますから、上の箱をお願いします。

F　ちょっと待ってくださいね。これですか。

M　はい。そうです。

女の人はどの箱をとりますか。

3ばん

男の人が女の人と話しています。女の人はなにをしますか。女の人です。

F　部屋が暗いですね。それに、すこし暑いですね。

M　そうですね。電気をつけましょうか。

F　お願いします。わたしは窓を開けます。

M　はい。

女の人はなにをしますか。

4ばん

女の人と男の人が話しています。女の人はなにで行きますか。

M　あした、3時半に映画館の前で会いましょう。

F　映画館に行くバスは何番ですか。

M　バスはありませんよ。

F　そうですか。じゃあ、タクシーで行きますね。

M　わたしの車でいっしょに行きましょうか。

F　本当ですか。うれしいです。

女の人はなにで行きますか。

5ばん

学校で学生が先生と話しています。学生は今週末、なにをしますか。

M　先生、週末はなにをしますか。

F　わたしはそうじをします。いつも、じかんが

ないですから。田中さんは？

M わたしはだいたい映画を見ますが、今週末は本を読みます。

F 勉強ですか。

M いいえ。とてもおもしろい本ですよ。今度、先生に貸しますね。

F ありがとうございます。

学生は今週末、なにをしますか。

6ばん

女の人と男の人が話しています。女の人は何時に行きますか。

M 今日みんなで食事に行きますが、いっしょにどうですか。

F いいですね。何時に会いますか。

M 6時30分に店の前で会います。

F わたしは7時まで仕事がありますから、みんなより1時間あとに行きます。

M わかりました。

女の人は何時に行きますか。

7ばん

大学で男の人が女の人と話しています。男の人はまずどこへ行きますか。

F どうしましたか。

M お金を落としました。

F えっ。学校の中でですか。

M いいえ。さっき銀行に行って、それから郵便局で荷物を送りましたが、そこで落としたと思います。

F 交番に行ったほうがいいですよ。

M そうですね。交番に行く前に郵便局に行ってみます。

F はい。

男の人はまずどこへ行きますか。

もんだい2

もんだい2では、はじめに しつもんを きいて ください。それから はなしを きいて、もんだいようしの 1から4の なかから、いちばん いい ものを ひとつ えらんで ください。

れい

男の人と女の人が話しています。男の人は昨日、どこへ行きましたか。男の人です。

M 山田さん、昨日どこかへ行きましたか。

F 図書館へ行きました。

M 駅のそばの図書館ですか。

F はい。

M 僕は山川デパートへ行って、買い物をしました。

F え、わたしも昨日の夜、山川デパートのレストランへ行きましたよ。

M そうですか。

男の人は昨日、どこへ行きましたか。

1ばん

女の人と男の人が話しています。女の人はみなみ公園でなにをしましたか。

M 昨日、家族とみなみ公園に行きました。

F 花見ですか。

M ええ。とてもきれいでした。散歩をしている人がたくさんいました。

F わたしも会社の人とみなみ公園に行きましたよ。

M えっ、本当ですか。

F　はい。公園のそうじをしました。

女の人はみなみ公園でなにをしましたか。

2ばん

男の人と女の人が話しています。男の人はどうして行きませんか。

F　田中さんもいっしょに美術館に行きませんか。

M　これからですか。

F　はい。山田さんの結婚パーティーがあったたてものの横です。

M　すみませんが、今、熱が高くて行けません。

F　そうですか。残念ですね。

男の人はどうして行きませんか。

3ばん

学校で女の人と男の人が話しています。女の人はどうして食堂で食べませんか。

M　もうすぐ12時ですね。食堂でお昼ごはんを食べませんか。今日は、わたしの好きなカレーです。

F　わたしは、パンと牛乳を買って食べます。カレーは好きですが、食堂のカレーはおいしくないです。

M　そうですか。

女の人はどうして食堂で食べませんか。

4ばん

男の人と女の人が話しています。男の人はだれと住んでいますか。

F　だれが料理をしますか。

M　母がいないので、父が料理をします。

F　お父さんは料理が上手ですか。

M　はい。仕事が忙しいときは、遠くに住んでいる祖母がときどき来てくれます。

F　そうですか。

男の人はだれと住んでいますか。

5ばん

女の人と男の人が話しています。女の人は日本でなにをしますか。

M　外国の方ですか。

F　はい。アメリカから来ました。

M　日本には旅行で来ましたか。

F　妹が日本の会社に通っています。わたしは、妹に会いに来ました。

M　そうですか。日本語が上手ですね。

F　来る前に、すこし勉強しました。

女の人は日本でなにをしますか。

6ばん

大学生の男の人と女の人が話しています。男の人の乗った乗り物はなんですか。

F　夏休みにどこに行きましたか。

M　家に帰りました。家はここから車で4時間ぐらいです。

F　遠いですね。

M　飛行機に乗ったら近いですけど、電車やバスのほうが便利です。

F　バスで帰りましたか。電車で帰りましたか。

M　バスです。来年は電車で帰ります。

男の人の乗った乗り物はなんですか。

もんだい3

もんだい3では、えを みながら しつもんを きいて ください。➡（やじるし）の ひとは なんと いいますか。1から3の なかから、いちばん いい ものを ひとつ えらんで ください。

れい

レストランでお店の人を呼びます。なんと言いますか。

1 いらっしゃいませ。
2 失礼しました。
3 すみません。

1ばん

これから食事をします。なんと言いますか。

1 ごちそうさまでした。
2 おいしいです。
3 いただきます。

2ばん

約束の時間におくれました。先生になんと言いますか。

1 おくれてすみません。
2 いまから行きます。
3 約束してください。

3ばん

友だちの家に行ってみたいです。友だちになんと言いますか。

1 家に行ってもいい?
2 家に行ってください。
3 家に行ってみるね。

4ばん

ともだちの顔色が悪いです。なんと言いますか。

1 だいじょうぶ?
2 いつもありがとう。
3 頭が痛いです。

5ばん

電話がこわれました。なおしたいです。なんと言いますか。

1 修理をお願いします。
2 修理したことがあります。
3 修理してあげたいです。

もんだい4

もんだい4は、えなどが ありません。ぶんを きいて、1から3の なかから、いちばん いい ものを ひとつ えらんで ください。

れい

お国はどちらですか。

1 あちらです。
2 アメリカです。
3 部屋です。

1ばん

ちょっと待ってて。

1 うん、ここで待ってる。
2 これ、重いね。
3 すぐ、行きます。

2ばん

宿題をしましたか。

1　いいえ、まだです。

2　宿題は23ページです。

3　すこし小さいですね。

3ばん

朝、何時に起きましたか。

1　なかなか起きません。

2　早いですね。

3　7時ごろです。

4ばん

今日、何日ですか。

1　もうすぐ4日目です。

2　5月10日です。

3　明日でもいいです。

5ばん

病院はどこですか。

1　あの大きな建物です。

2　本棚の上です。

3　大丈夫ですよ。

6ばん

どのくだものを食べる?

1　はい、とても好きです。

2　みかんのほうがおいしいです。

3　そうですね。りんごにします。

JLPT
N5 파이널 테스트 2회
정답 및 청해 스크립트

1교시 언어지식(문자 · 어휘)

문제1   1 ④   2 ②   3 ④   4 ②   5 ③   6 ③   7 ③

문제2   8 ④   9 ①   10 ④   11 ③   12 ②

문제3   13 ③   14 ②   15 ①   16 ②   17 ①   18 ③

문제4   19 ②   20 ①   21 ①

1교시 언어지식(문법) / 독해

문제1   1 ①   2 ③   3 ③   4 ④   5 ③   6 ②   7 ②   8 ①   9 ③

문제2   10 ①   11 ④   12 ①   13 ②

문제3   14 ④   15 ③   16 ①   17 ③

문제4   18 ①   19 ③

문제5   20 ②   21 ④

문제6   22 ②

2교시 청해

문제1   1 ③   2 ④   3 ③   4 ④   5 ②   6 ④   7 ④

문제2   1 ②   2 ②   3 ④   4 ①   5 ②   6 ③

문제3   1 ③   2 ①   3 ④   4 ①   5 ①

문제4   1 ②   2 ①   3 ①   4 ②   5 ②   6 ②

もんだい1

もんだい1では、はじめに　しつもんを　きいて　ください。それから　はなしを　きいて、もんだいようしの　1から4の　なかから、いちばん　いい　ものを　ひとつ　えらんで　ください。

れい

クラスで先生が話しています。学生は、今日家で、どこを勉強しますか。

F　では、今日は20ページまで終わりましたから、21ページは宿題ですね。

M　全部ですか。

F　いえ、21ページの1番です。2番は、クラスでします。

学生は、今日家で、どこを勉強しますか。

1ばん

女の人と男の人が話しています。男の人はなにを着て行きますか。

M　明日の食事会、なにを着て行こうか。

F　うーん、黒のズボンと白いシャツはどう?

M　ネクタイはしなくてもいいよね。

F　うん。寒いからシャツの上に、セーターを着てね。

M　わかった。

男の人はなにを着て行きますか。

2ばん

女の人と男の人が話しています。男の人は車をどこに止めますか。

M　いま家の近くまで来ました。車はどこに止めますか。

F　家の横は父の車があるので、ほかの場所に止めてください。

M　家の前に止めましょうか。

F　そうですね。少しの時間なので大丈夫だと思います。

M　分かりました。

男の人は車をどこに止めますか。

3ばん

男の人と女の人が話しています。女の人はなにを飲みますか。

M　いらっしゃい。どうぞ、座ってください。

F　おじゃまします。

M　冷たいコーヒーを飲みますか。あ、ビールもありますよ。

F　すみません。車で来たので、お茶はありませんか。

M　お茶はないです。ジュースはどうですか。

F　はい、ありがとうございます。

女の人はなにを飲みますか。

4ばん

女の人と男の人が話しています。男の人は明日、どうしますか。

M　じゃあ、明日の1時に家に行きますね。

F　はい。まず、山川駅まで電車で来てください。

M　そこからバスに乗りますよね。

F　はい。3番のバスに乗って、山川中学校前で降りたら、電話をしてください。

M　分かりました。

男の人は明日、どうしますか。

5ばん

女の人と男の人が話しています。女の人はなにをしますか。

M ちょっと、お願いがあります。

F なんですか。

M 母へのプレゼントを買いたいです。手伝ってくれませんか。

F いいですよ。いっしょに行きましょう。

M ありがとうございます。

女の人はなにをしますか。

6ばん

女の人と男の人が話しています。男の人はどれを買いますか。

M これ安いですね。1000円ですよ。

F でも、少し短いですね。これはどうですか。

M 8000円ですか。もう少し安いものがいいです。3000円ぐらいでありませんか。

F これはどうですか。4200円ですけど、とても暖かいですよ。

M じゃあ、これにします。

男の人はどれを買いますか。

7ばん

男の人と女の人が話しています。男の人はなにを洗いますか。

F もしもし。もう少し遅くなると思う。

M そう。お皿は全部洗ったよ。靴下も洗うね。

F ううん。靴下はまだたくさんあるから、ハンカチを洗ってくれる?

M 分かった。気をつけて帰ってきて。

F うん。

男の人はなにを洗いますか。

もんだい2

もんだい2では、はじめに しつもんを きいて ください。それから はなしを きいて、もんだいようしの 1から4の なかから、いちばん いい ものを ひとつ えらんで ください。

れい

男の人と女の人が話しています。男の人は昨日、どこへ行きましたか。男の人です。

M 山田さん、昨日どこかへ行きましたか。

F 図書館へ行きました。

M 駅のそばの図書館ですか。

F はい。

M 僕は山川デパートへ行って、買い物をしました。

F え、わたしも昨日の夜、山川デパートのレストランへ行きましたよ。

M そうですか。

男の人は昨日、どこへ行きましたか。

1ばん

女の人と男の人が話しています。女の人の友だちは何人来ますか。女の人の友だちです。

M 今日、お客さんは何人来る?

F わたしの友だちは3人。

M 僕の友だちが4人だから、全部で7人だね。

F あ、ちがった。山田さんも来るから、8人だ。

M 山田さんって、高校のときの友だち?

F うん。お料理、たくさん作るね。

M うん。よろしく。

女の人の友だちは何人来ますか。

男の子はどうして日曜日が嫌いですか。

2ばん

男の人と女の人が話しています。男の人はいつから働いていますか。

F ここで働いてどのぐらいですか。

M ２２才のときに勉強を始めて２５才のときからここで働いています。

F じゃあ、もう１０年になりますね。

M はい。４０才まで、ここで働くつもりです。

F そのあとは、どうしますか。

M 父の会社で働きます。

男の人はいつから働いていますか。

3ばん

女の子が父親と話しています。女の子はどうして本を読みませんか。

M もっとたくさん本を読んだほうがいいよ。時間いっぱいあるだろう？

F でも、むずかしいから。

M 漢字はないからやさしいよ。ひらがな分かるよね？

F 分かるけど、カタカナが読めないの。

M そうか。じゃあ、一緒に読もう。

女の子はどうして本を読みませんか。

4ばん

男の子が母親と話しています。男の子はどうして日曜日が嫌いですか。

F 明日は日曜日でうれしいね？

M うれしくないよ。日曜日は嫌い。

F どうして？お父さん、家にいるでしょう？

M でも、お母さんが仕事に行くから。

F 家にいなくてごめんね。早く帰ってくるね。

M うん。

5ばん

女の人と男の人が話しています。女の人はどんな仕事をしますか。

M 新しいアルバイトはどうですか。

F 楽しいですよ。お茶を入れたり、机の上をきれいにしたりします。

M パソコンを使う仕事もありますか。

F いいえ。でも、パソコンがこわれたときに修理の人に電話をします。

女の人はどんな仕事をしますか。

6ばん

男の人と女の人が話しています。男の人は３時になにをしましたか。

F 昨日３時ごろ電話しましたが、出ませんでしたね。

M すみません。知りませんでした。昨日は１２時に友だちと会ってサッカーをして、ご飯を食べてから、２時から５時まで喫茶店で話をしていました。

F そうですか。寝ているかと思いました。

M すみませんでした。

男の人は３時になにをしましたか。

もんだい3

もんだい3では、えを みながら しつもんを きいて ください。➡（やじるし）の ひとは なんと いいますか。1から3の なかから、いちばん いい ものを ひとつ えらんで ください。

れい

レストランでお店の人を呼びます。なんと言いますか。

1　いらっしゃいませ。
2　失礼しました。
3　すみません。

1ばん

約束の時間を変えたいです。なんと言いますか。

1　約束を明日にしてください。
2　じゃあ、待っています。
3　1時じゃなくて、2時でもいいですか。

2ばん

電話に出られませんでした。友だちになんと言いますか。

1　出られなくて、ごめんね。
2　電話しましょう。
3　もしもし。

3ばん

図書館でうるさくしている人になんと言いますか。

1　大きくしてください。
2　よく聞こえません。
3　静かにしてください。

4ばん

コンビニで袋がほしいです。なんと言いますか。

1　袋をください。
2　袋はけっこうです。
3　袋をもらいましょう。

5ばん

学校から帰ってきました。母親になんと言いますか。

1　ただいま。
2　おかえり。
3　いってきます。

もんだい4

もんだい4は、えなどが　ありません。ぶんを　きいて、1から3の　なかから、いちばん　いい　ものを　ひとつ　えらんで　ください。

れい

お国はどちらですか。

1　あちらです。
2　アメリカです。
3　部屋です。

1ばん

おみやげ、ありがとう。

1　おじゃまします。
2　どういたしまして。
3　楽しかったですか。

2ばん

お昼ごはんはもう食べましたか。

1　ええ、さっき友だちと食べました。
2　いいえ、まだ食べたことがありません。
3　はい、もうすぐですね。

3ばん

これは誰ですか。

1 わたしの 妹 です。

2 わたしが作った料理です。

3 かわいいですね。

4ばん

昨日のテストはどうでしたか。

1 とても安かったです。

2 そんなに難しくなかったです。

3 田中さんもどうぞ。

5ばん

車を持っていますか。

1 父がもうすぐ来ます。

2 いいえ、ありません。

3 これを持って行きます。

6ばん

家は近いですか。

1 すこしきたないです。

2 ええ、すぐそこです。

3 つまらないです。

JLPT N5 파이널 테스트 3회
정답 및 청해 스크립트

1교시 언어지식(문자・어휘)

문제1	**1** ④	**2** ①	**3** ①	**4** ②	**5** ②	**6** ①	**7** ④
문제2	**8** ③	**9** ②	**10** ④	**11** ④	**12** ①		
문제3	**13** ③	**14** ①	**15** ②	**16** ①	**17** ④	**18** ③	
문제4	**19** ②	**20** ②	**21** ③				

1교시 언어지식(문법) / 독해

문제1	**1** ④	**2** ③	**3** ②	**4** ③	**5** ④	**6** ③	**7** ①	**8** ④	**9** ④
문제2	**10** ①	**11** ③	**12** ④	**13** ①					
문제3	**14** ④	**15** ④	**16** ④	**17** ①					
문제4	**18** ②	**19** ④							
문제5	**20** ③	**21** ②							
문제6	**22** ①								

2교시 청해

문제1	**1** ②	**2** ④	**3** ①	**4** ④	**5** ③	**6** ②	**7** ④
문제2	**1** ③	**2** ④	**3** ④	**4** ③	**5** ④	**6** ④	
문제3	**1** ②	**2** ①	**3** ②	**4** ①	**5** ②		
문제4	**1** ③	**2** ②	**3** ①	**4** ②	**5** ③	**6** ②	

もんだい1

もんだい1では、はじめに　しつもんを　きいて　ください。それから　はなしを　きいて、もんだいようしの　1から4の　なかから、いちばん　いい　ものを　ひとつ　えらんで　ください。

れい

クラスで先生が話しています。学生は、今日家で、どこを勉強しますか。

F　では、今日は20ページまで終わりましたから、21ページは宿題ですね。

M　全部ですか。

F　いえ、21ページの1番です。2番は、クラスでします。

学生は、今日家で、どこを勉強しますか。

1ばん

男の人と女の人が話しています。女の人は何を買いますか。

F　ここで、お昼ごはんを買いましょう。わたしはパンを買います。

M　じゃあ、ぼくはおにぎりを3こ買います。

F　お茶も買いますか。

M　はい。田中さんもお茶にしますか。

F　いいえ。わたしは牛乳にします。

女の人は何を買いますか。

2ばん

男の人が女の人に電話をしています。女の人はどこで待ちますか。

M　すみません。まだ、教室にいるので、少し遅くなります。

F　分かりました。待っています。

M　今、どこにいますか。

F　図書館の前です。

M　じゃあ、中で待っていてください。

女の人はどこで待ちますか。

3ばん

男の人と女の人が話しています。男の人はさいしょに何をしますか。

F　佐藤さん、今、忙しいですか。

M　これから、銀行に行きますが、どうしましたか。

F　すみませんが、この荷物を出してきてください。少し、重くて。

M　いいですよ。コンビニで出せますか。

F　いいえ。コンビニでは出せないです。郵便局でお願いします。

M　じゃあ、帰ってきてから、車で出しに行きます。

F　ありがとうございます。

男の人はさいしょに何をしますか。

4ばん

男の人と女の人が話しています。女の人はどの写真を買いますか。

M　これ、社員旅行の写真です。

F　よく写っていますね。

M　ほしい写真があったら、番号を言ってください。

F　じゃあ、1番と3番。

M　6番もいい写真ですよ。ほら。

F　本当ですね。じゃあ、それも1枚。

M　分かりました。

女の人はどの写真を買いますか。

5ばん

男の人と女の人が話しています。男の人はかぎをどうしますか。

F 会議は終わりましたか。

M はい。会議室のかぎを返します。どうぞ。

F 次に部長が会議室を使うので、部長にわたしてください。

M はい。あ、部長は今、外出中ですね。

F じゃあ、メモと一緒につくえの上に置いておいてください。

M はい。あ、ボールペンがない。

F そこのひきだしの中にたくさん入っていますよ。

男の人はかぎをどうしますか。

6ばん

男の人と女の人が話しています。二人はポスターをどう直しますか。

M ポスター、できましたよ。どうですか。

F 絵がとてもいいですね。でも、少し小さいですね。

M じゃあ、字を小さくして、絵を大きくしましょうか。

F それがいいと思います。

M 色はこのままでいいですか。

F このままでいいと思います。

二人はポスターをどう直しますか。

7ばん

男の人と女の人が話しています。女の人は何をしますか。

F 今日は、すずしいですね。

M そうですか。クーラーを消しましょうか。

F 鈴木さんは暑いですか。

M そうですね。ぼくは暑いです。

F じゃあ、消さなくていいです。上着がありますから、これを着ます。

M すみません。

女の人は何をしますか。

もんだい2

もんだい2では、はじめに　しつもんを　きいて　ください。それから　はなしを　きいて、もんだいようしの　1から4の　なかから、いちばん　いい　ものを　ひとつ　えらんで　ください。

れい

男の人と女の人が話しています。男の人は昨日、どこへ行きましたか。男の人です。

M 山田さん、昨日どこかへ行きましたか。

F 図書館へ行きました。

M 駅のそばの図書館ですか。

F はい。

M 僕は山川デパートへ行って、買い物をしました。

F え、わたしも昨日の夜、山川デパートのレストランへ行きましたよ。

M そうですか。

男の人は昨日、どこへ行きましたか。

1ばん

男の学生が先生と話しています。学生は今日どうして遅刻しましたか。

M 遅刻してすみません。

F どうしたんですか。昨日もねぼうしたでしょう。

M すみません。昨日は少し熱があったんです。

F もう大丈夫ですか。今日はどうしましたか。

M 電車に乗るまえにおなかが痛くなって、駅で休んでいました。

F そうですか。今日は帰ったらゆっくり休んでください。

M はい。

学生は今日どうして遅刻しましたか。

2ばん

男の人と女の人が話しています。二人はどうしてさくらスーパーに行きますか。

F どこのスーパーに行きましょうか。

M さくらスーパーにしましょう。

F あそこは少し高いでしょう。はやしマートはちょっと遠いけど安いですよ。

M さくらスーパーの野菜は新鮮でおいしいんですよ。

F そうですか。じゃあ、さくらスーパーにしましょう。

二人はどうしてさくらスーパーに行きますか。

3ばん

男の人と女の人が話しています。女の人が一番楽しみなことは何ですか。

M 明日から夏休みですね。何をしますか。

F 家で本を読んだり、映画を見たりします。

M そうですか。ぼくは旅行に行こうと思っています。

F わたしも去年は旅行をしました。初めて船に乗って、とても楽しかったです。

M いいですね。ぼくは去年は花火を見に行きました。きれいでしたよ。

F わたしも今年、行きますよ。それを一番楽しみにしています。

女の人が一番楽しみなことは何ですか。

4ばん

男の人と女の人が話しています。女の人はどんな仕事をしていますか。

M 田中さん、ホテルで働いているんですよね。

F はい。外国の人と話すことができて、楽しいです。

M ホテルでは多くの人が働いていますね。

F ええ。掃除をする人や料理をする人、たくさんの人がいます。

M 田中さんはお客様に料理をだす仕事ですか。

F わたしはお客さまを部屋に案内します。

女の人はどんな仕事をしていますか。

5ばん

男の人と女の人が話しています。今日はどんな天気ですか。

F ようやく晴れましたね。

M ええ。自転車で学校に行けますから、うれしいです。

F えっ、自転車で学校に行っているんですか。

M ええ。雨や雪の日はバスに乗りますけどね。

F まだ風が冷たいですから、バスに乗ったほうがいいですよ。

M ぼくはとても健康ですから、大丈夫ですよ。

今日はどんな天気ですか。

6ばん

こうばんで男の人と女の人が話しています。
女の人は何を見つけましたか。

M どうしましたか。

F あの、これ、道で見つけました。

M 家のかぎですね。どこにありましたか。

F そこの中学校の前です。時間は3時ごろです。

M 分かりました。では、ここに名前と住所を書いてください。

F はい。

女の人は何を見つけましたか。

もんだい3

もんだい3では、えを みながら しつもんを きいて ください。➡ (やじるし)の ひとは なんと いいますか。1から3の なかから、いちばん いい ものを ひとつ えらんで ください。

れい

レストランでお店の人を呼びます。なんと言いますか。

1 いらっしゃいませ。

2 失礼しました。

3 すみません。

1ばん

一緒に映画に行きたいです。何と言いますか。

1 おとな2枚お願いします。

2 一緒に映画に行きませんか。

3 アニメはどうですか。

2ばん

友だちのかさを借りたいです。なんと言いますか。

1 かさ、かりていい?

2 かさ、かしていい?

3 かさ、かりたい?

3ばん

アルバイトが終わって帰ります。何と言いますか。

1 お帰りなさい。

2 お疲れさまでした。

3 お久しぶりです。

4ばん

友だちの家に入ります。何と言いますか。

1 おじゃまします。

2 ありがとうございます。

3 いらっしゃいませ。

5ばん

店が開いている時間を知りたいです。何と言いますか。

1 今日、店は開いていますか。

2 店は何時から何時までですか。

3 店はどこですか。

もんだい4

もんだい4は、えなどが ありません。ぶんを きいて、1から3の なかから、いちばん いい ものを ひとつ えらんで ください。

れい

お国はどちらですか。

1 あちらです。
2 アメリカです。
3 部屋です。

1ばん

年はおいくつですか。

1 ふたつお願いします。
2 いいえ、けっこうです。
3 18さいです。

2ばん

病院に行ってきたんですか。

1 ええ、ちょっと、古くて。
2 ええ、ちょっと、熱があって。
3 ええ、ちょっと、暑くて。

3ばん

駅までどうやって行きますか。

1 歩いて行きます。
2 10分かかります。
3 3時に出ます。

4ばん

食事のあとは何をしましょうか。

1 おいしかったですね。
2 ショッピングをしませんか。
3 おすしがいいです。

5ばん

仕事はいつ終わりますか。

1 8時間です。
2 8時からです。
3 8時ごろです。

6ばん

切手はどこで売っていますか。

1 ひきだしの中です。
2 郵便局です。
3 3枚買ってきてください。

JLPT N4 파이널 테스트 1회
정답 및 청해 스크립트

1교시 언어지식(문자 · 어휘)

문제1	**1** ②	**2** ④	**3** ①	**4** ③	**5** ①	**6** ④	**7** ④	
문제2	**8** ②	**9** ①	**10** ③	**11** ③	**12** ①			
문제3	**13** ①	**14** ②	**15** ①	**16** ④	**17** ③	**18** ②	**19** ④	**20** ①
문제4	**21** ④	**22** ①	**23** ②	**24** ②				
문제5	**25** ①	**26** ②	**27** ④	**28** ②				

1교시 언어지식(문법) / 독해

문제1	**1** ③	**2** ①	**3** ④	**4** ②	**5** ②	**6** ④	**7** ①	**8** ②	**9** ③
	10 ④	**11** ②	**12** ③	**13** ③					
문제2	**14** ②	**15** ③	**16** ③	**17** ①					
문제3	**18** ①	**19** ②	**20** ①	**21** ④					
문제4	**22** ③	**23** ③	**24** ②						
문제5	**25** ④	**26** ③	**27** ③						
문제6	**28** ④	**29** ③							

2교시 청해

문제1	**1** ③	**2** ③	**3** ④	**4** ④	**5** ③	**6** ④	**7** ④	**8** ③
문제2	**1** ④	**2** ③	**3** ①	**4** ④	**5** ①	**6** ②	**7** ④	
문제3	**1** ②	**2** ①	**3** ②	**4** ①	**5** ①			
문제4	**1** ①	**2** ②	**3** ③	**4** ①	**5** ②	**6** ②	**7** ①	**8** ②

もんだい1

もんだい1では、まず しつもんを 聞いて ください。それから 話を 聞いて、もんだいようしの 1から4の 中から、いちばん いい ものを 一つ えらんで ください。

れい

男の人が女の人に電話をしています。男の人は、何を買って帰りますか。

M これから帰るけど、何か買って帰ろうか。

F あ、ありがとう。えっとね、牛乳。それから。

M ちょっと待って、牛乳は1本でいいの?

F えっと、2本お願い。それから、チーズ。

M あれ、チーズはまだたくさんあったよね。

F ごめん、今日のお昼に全部食べたの。

M 分かった。じゃ、買って帰るね。

男の人は、何を買って帰りますか。

1ばん

娘と母親が旅行の相談をしています。二人は何時の電車に乗りますか。

F1 来週の旅行だけど、何時に家を出ようか。

F2 ホテルのチェックインが3時だから、その時間に着くように出ればいいよね。

F1 そうね。電車に乗ったら2時間半かかるから、12時ぐらいの電車にしようか。

F2 うん。電車の時間、調べてみるね。えーと、12時5分と、12時30分がある。

F1 じゃあ、12時に家を出て12時半の電車に乗る?

F2 ちょっとぎりぎりだけど、そうしようか。じゃあ、予約しておくね。

二人は何時の電車に乗りますか。

2ばん

会社で男の人が女の人と話しています。男の人はかぎをどこに置きますか。

M 会議室のかぎ、ありがとうございました。どこに置きましょうか。

F ああ、かぎがたくさんあるところがあるでしょう。

M あ、ありました。冷蔵庫の上ですね。

F いや、そこじゃなくて本棚のとなりにもあるでしょう。

M ああ、ここですね。どこにかけますか。

F えーと、左から3番目。

M はい。分かりました。

男の人はかぎをどこに置きますか。

3ばん

女の人と男の人が話しています。女の人は何を見に行きますか。

F 昨日、本屋のアルバイトのお金をもらいました。

M そうですか。何か買いたいものがありますか。

F もうこの靴を買っちゃいました。あとは何を買おうかな。

M さいきん、写真をとるのが趣味だって言ってましたよね。

F そうなんです。でも、新しいカメラを買うほどまだ上手じゃないし。

M 僕はアルバイトのお金でパソコンを買いましたよ。

F わあ、すごいですね。わたしもほしいなあ、小さいの。

M いろいろありますよ。一緒に見に行きましょうか。

F 本当ですか。行きましょう。

女の人は何を見に行きますか。

4 ばん
男の人と女の人がパーティーの準備をしています。男の人はコップをいくつ準備しますか。

F 料理の準備は終わりましたよ。

M じゃあ、飲み物とコップを持ってきますね。コップはいくつ必要ですか。

F 女の人は4人です。吉田さんは来られなくなりました。

M そうですか。じゃあ、男の人は4人だから、8つですね。

F 男の人は5人じゃないですか。

M えっ。あ、本当ですね。僕を入れるのを忘れてました。

F じゃあ、お願いします。

M はい。今、持ってきます。

男の人はコップをいくつ準備しますか。

5 ばん
図書館で女の人が係の人と話しています。ここでしてはいけないことは何ですか。

F すいません。パソコンを使える席はどこですか。

M DVDコーナーの後ろです。

F あのう、DVDとビデオは借りられますか。

M いいえ。図書館の中でだけ見ることができます。

F そうですか。分かりました。

M あの、そのハンバーガー、食べてから入ってくださいね。

F はい。すみません。お水もだめですか。

M 飲み物は大丈夫ですよ。

F 分かりました。

ここでしてはいけないことは何ですか。

6 ばん
アルバイト先で男の学生が店長と話しています。男の人がしなければならないことは何ですか。

M 店長、お皿、全部洗いました。

F お疲れさま。じゃあ、次は…。花に水はあげたし…。

M 買うものがあったら、僕が買いに行きましょうか。

F そうねえ。買い物はわたしが行くから、その間に店の掃除をお願いできる?

M はい。分かりました。

F じゃあ、よろしくね。

男の人がしなければならないことは何ですか。

7 ばん
学校で女の人と男の人が話しています。女の人はこれからどうしますか。

M なんか、顔色が悪いね。

F ちょっと朝から調子が悪くて。家で休みたかったんだけど、今日の授業大事だから。

M でも、病院に行ったほうがいいんじゃない?熱があるのかもしれないよ。

F うーん。薬を飲もうかな。薬局、近くにある?

M 薬局は遠いけど、風邪薬ならコンビニにも売ってるよ。

F じゃあ、行ってみる。

女の人はこれからどうしますか。

8ばん

学校で男の学生と女の学生が話しています。女の学生は何色のTシャツを注文しますか。

F　あの、5月の運動会で着る服のことだけど。

M　ああ、クラスで同じTシャツを作るっていう話？

F　うん。こんなデザインでどうかな。色は白がいいかなと思ってるんだけど。

M　いいんじゃない？でも、白はちょっと…。黄色とか、赤はどう？

F　赤はいいけど隣のクラスと同じだよ。

M　そうか。同じじゃないほうがいいね。

F　じゃあ、黄色ね。わたしが注文するから、この紙に名前とサイズを書いてね。

M　分かった。ありがとう。

女の学生は何色のTシャツを注文しますか。

もんだい2

もんだい2では、まず　しつもんを　聞いてください。そのあと、もんだいようしを　見て　ください。読む　時間が　あります。それから　話を　聞いて、もんだいようしの1から4の　中から、いちばん　いい　ものを　一つ　えらんで　ください。

れい

女の人と男の人が話しています。女の人は、どうして引っ越しをしますか。

F　来週の日曜日、引っ越しを手伝ってくれない？

M　いいけど、また引っ越すんだね。部屋が狭いの？

F　ううん。部屋の大きさも場所も問題ないんだけど、建物が古くて嫌なんだ。最近、近所の人と友だちになったから、残念なんだけど。

M　そうなんだ。

女の人は、どうして引っ越しをしますか。

1ばん

女の人と男の人が話しています。女の人はどうして音楽の勉強をしますか。

M　大学を卒業したらフランスに留学すると聞きました。本当ですか。

F　はい。音楽の勉強をもう少ししたいと思っています。

M　山田さんのお母さん、高校の音楽の先生ですよね。山田さんも先生になりたいんですか。

F　子どものころは音楽の先生とか、歌手になりたいと思っていましたが、今はピアノをやりたいと思っています。

M　ピアニストですか。いい夢ですね。

F　はい。ありがとうございます。フランスで有名な先生のところで勉強するつもりです。

女の人はどうして音楽の勉強をしますか。

2ばん

男の人と女の人が話しています。男の人はどうして学校を休みましたか。

F　おはよう。昨日学校休んだから、心配したよ。また熱を出したのかと思って。

M　ううん。自転車に乗っているときに転んでね。頭から落ちたんだ。

F　えっ、頭にけがはしなかった？

M　うん。大丈夫だった。でも、足に少しけがをしたから病院に行ってきたんだ。

F　そう、よかった。じゃあ、今日学校が終わったら、映画見に行かない？

M　ごめん、歯医者の予約をしているんだ。

F　え、歯も痛いの？いろいろ大変だね。

M そうなんだよ。ごめんね。明日なら大丈夫
　　だから。
F 分かった。
男の人はどうして学校を休みましたか。

3 ばん
**女の人と男の人が話しています。女の人はどう
して泣きましたか。**

M あれ、洋子さん、目が赤いですね。泣いた
　　んですか。
F え、本当ですか。さっき、ニュースで病気
　　の子どもの話を見て。
M そうですか。洋子さん、この前も悲しいドラ
　　マを見て泣いていましたね。
F はい。自分が病気だったときのことを思い出
　　すんです。
M 洋子さん、大きい病気をしたんですか。
F はい。子どものとき、ずっと入院していたこ
　　とがあります。
M そうでしたか。
女の人はどうして泣きましたか。

4 ばん
**男の人と女の人が話しています。男の人は何年
外国に住んでいましたか。**

F 吉田さん、英語が上手ですね。留学してい
　　ましたか。
M いいえ、留学したことはないですが、小学校
　　2年生から5年間アメリカに住んでいました。
F ああ、やっぱり。だから上手なんですね。
M ええ、日本でもずっと勉強を続けていました
　　し、大学を卒業したあとはアメリカで働いて
　　いました。
F へえ。働いていたんですか。

M はい。3年間働いて、去年の1月に帰って
　　きました。
男の人は何年外国に住んでいましたか。

5 ばん
**男の人と女の人が話しています。女の人はどう
してりんごを買いませんでしたか。**

M 田中さん、みかんを買いましたか。
F はい。食べてみたら、甘くておいしかったの
　　で。
M 僕はさっき、りんごを食べてみましたけど、
　　とてもおいしいですよ。ほら、こんなに買い
　　ました。
F たくさん買いましたね。
M 安いから古いものかと思ってたら、そうでは
　　なくて、少し形が悪いそうです。
F そうですか。わたしも買いたいですけど、
　　みかんをこんなに買ってしまったので重くて
　　持てないです。今度買います。
M そうですね。
女の人はどうしてりんごを買いませんでしたか。

6 ばん
**男の人と女の人が話しています。男の人が一番
ほしいものは何ですか。**

F 木村さん、何階に行きましょうか。
M いろいろほしいものはあるんですけど、まず
　　は3階に行きましょう。
F 3階は洗濯機と掃除機ですね。壊れたんで
　　すか。
M いいえ。ただ、洗濯機の音がうるさいんです。
　　もう少し音が静かなものがほしいです。
F わたしはテレビを見たいので、そのあと2
　　階に行ってもいいですか。

M もちろんです。実は今一番ほしいのがカメラなので、わたしも2階を見たいです。

F あ、赤ちゃんが生まれたんですよね。たくさん写真をとらないといけませんね。

M はい。子どもがいると、いろいろ必要なものが増えますね。

男の人が一番ほしいものは何ですか。

7 ばん

女の人と男の人が話しています。女の人が残念だったことは何ですか。

F 先週末、京都に行ってきました。

M いいですね。今の季節はきれいでしょう。

F はい、少し寒かったですけど、よかったです。

M 確かに週末は寒かったですね。お土産は買いましたか。

F ええ。とてもきれいなお皿を見つけたんです。でも好きな色がなくて、いろいろなお店を探して、やっと買うことができました。

M よかったですね。

F でも東京に帰ってきて、近くのデパートに行ったら、そこに売っていました。

M 同じものですか。

F はい。いっしょうけんめい探して買ったのに、とても残念でした。

M そうでしたか。

女の人が残念だったことは何ですか。

もんだい3

もんだい3では、えを 見ながら しつもんを 聞いて ください。➡（やじるし）の 人は 何と 言いますか。1から3の 中から、いちばん いい ものを 一つ えらんで ください。

れい

レストランでお店の人を呼びます。何と言いますか。

1 いらっしゃいませ。
2 失礼しました。
3 すみません。

1 ばん

映画のチケットがあります。一緒に行きたいです。何と言いますか。

1 映画に行ったらいいです。
2 映画に行きませんか。
3 映画に行ってもいいですか。

2 ばん

携帯電話を買いたいです。少し高いです。何と言いますか。

1 もう少し安いものはありませんか。
2 もう少し安いものにしましょうか。
3 もう少し安くしてあげます。

3 ばん

荷物が多いです。友だちに手伝ってほしいです。何と言いますか。

1 これ、もってあげる。
2 これ、もってくれない？
3 これ、もらいましょうか。

4 ばん

急な用事があります。電話を使いたいです。何と言いますか。

1 電話を貸してもらえませんか。
2 電話を借りたほうがいいです。
3 電話を貸してもいいですか。

5ばん

友だちが元気がありません。何と言いますか。

1 元気を出してね。
2 元気でね。
3 お元気ですか。

もんだい 4

もんだい4では、えなどが ありません。ま
ず ぶんを 聞いて ください。それから、
そのへんじを 聞いて、1から3の 中か
ら、いちばん いい ものを 一つ えらん
で ください。

れい

ジュースを買いに行きますけど、何か買ってきま
しょうか。

1 ええ、 いいですよ。
2 そうですか。 おいしそうですね。
3 あ、コーヒー、 お願いします。

1ばん

この中でどれが一番おいしいですか。

1 このケーキです。
2 本当においしいです。
3 ありがとうございます。

2ばん

パソコンは得意ですか。

1 じゃあ、山田さんに聞いてみます。
2 いいえ、苦手です。
3 はい。わたしのパソコンです。

3ばん

すみませんが、先に帰りますね。

1 お先に失礼します。
2 ちょっと熱があって。
3 はい。気をつけて帰ってください。

4ばん

最近、寒いですね。

1 はい。コートが必要ですね。
2 はい。かさを持ってきました。
3 それは大変ですね。

5ばん

この鉛筆、使ってもいいですか。

1 使ったことがありません。
2 どうぞ、使ってください。
3 いいえ、ペンを使います。

6ばん

先生はどの人ですか。

1 黒いめがねをかけた人です。
2 先生、おひさしぶりです。
3 はい。先生も行きます。

7 ばん

すみません。明日は行けません。

1　それは残念です。

2　明日はちょっと。

3　では、3時に会いましょう。

8 ばん

どうして食べませんか。

1　はい。いただきます。

2　お腹がすいていません。

3　食べるかもしれません。

JLPT N4 파이널 테스트 2회
정답 및 청해 스크립트

1교시 언어지식(문자 · 어휘)

문제1	**1** ②	**2** ③	**3** ②	**4** ①	**5** ④	**6** ②	**7** ①
문제2	**8** ②	**9** ②	**10** ①	**11** ④	**12** ②		
문제3	**13** ②	**14** ②	**15** ③	**16** ④	**17** ②	**18** ②	**19** ②	**20** ③
문제4	**21** ①	**22** ④	**23** ③	**24** ④			
문제5	**25** ②	**26** ④	**27** ④	**28** ②			

1교시 언어지식(문법) / 독해

문제1	**1** ②	**2** ②	**3** ①	**4** ②	**5** ④	**6** ③	**7** ④	**8** ③	**9** ③
	10 ①	**11** ①	**12** ②	**13** ③					
문제2	**14** ④	**15** ①	**16** ①	**17** ①					
문제3	**18** ③	**19** ②	**20** ④	**21** ①					
문제4	**22** ③	**23** ②	**24** ②						
문제5	**25** ①	**26** ④	**27** ③						
문제6	**28** ④	**29** ③							

2교시 청해

문제1	**1** ②	**2** ③	**3** ③	**4** ②	**5** ③	**6** ①	**7** ④	**8** ①
문제2	**1** ④	**2** ③	**3** ④	**4** ①	**5** ④	**6** ①	**7** ④	
문제3	**1** ①	**2** ②	**3** ②	**4** ③	**5** ①			
문제4	**1** ③	**2** ①	**3** ②	**4** ③	**5** ②	**6** ①	**7** ②	**8** ①

もんだい1

もんだい1では、まず　しつもんを　聞いて
ください。それから　話を　聞いて、もんだ
いようしの　1から4の　中から、いちばん
いい　ものを　一つ　えらんで　ください。

れい

男の人が女の人に電話をしています。男の人
は、何を買って帰りますか。

M　これから帰るけど、何か買って帰ろうか。

F　あ、ありがとう。えっとね、牛乳。それから。

M　ちょっと待って、牛乳は1本でいいの?

F　えっと、2本お願い。それから、チーズ。

M　あれ、チーズはまだたくさんあったよね。

F　ごめん、今日のお昼に全部食べたの。

M　分かった。じゃ、買って帰るね。

男の人は、何を買って帰りますか。

1ばん

会社で男の人と女の人が話しています。男の人
はいつからいつまで休みますか。

F　田中さん、夏休みはどこか行きますか。

M　ええ、家族と旅行をするつもりです。

F　いつから行きますか。

M　8月の2日から4日間です。

F　あ、早いんですね。わたしは8月28日か
　　ら夏休みです。

M　そうですか。どこか行きますか。

F　いいえ、家でゆっくりします。

男の人はいつからいつまで休みますか。

2ばん

女の子と母親が話しています。女の子はこれか
ら何をしますか。

F1　何してるの?

F2　学校の宿題。漢字を10こずつ書くの。

F1　もうすぐピアノの先生が来る時間でしょう。
　　ピアノの練習はしたの?

F2　まだしてない。

F1　じゃあ、宿題はあとにして、先に練習したほ
　　うがいいわよ。

F2　うん、分かった。

F1　お母さん、ちょっと隣の家に行ってくるね。

F2　はい、いってらっしゃい。

女の子はこれから何をしますか。

3ばん

女の人が父親と電話で話しています。女の人
は、何を持って行きますか。

F　もしもし。お父さん、どうしたの?

M　今、バス停にいるんだけどね。ちょっとたの
　　みが…。

F　あ、雨が降ってきたでしょう。かさ持ってる?

M　ああ、かさはいつもかばんに入ってるんだ。
　　そうじゃなくて、テーブルの上をちょっと見て
　　くれないか。

F　テーブルの上? 封筒があるけど。

M　それ、今日の会議で使う書類なんだよ。悪
　　いけど、持ってきてくれないか。

F　分かった。ちょっと待ってね。薬飲んだらす
　　ぐ行くね。

女の人は、何を持って行きますか。

4 ばん

<ruby>女<rt>おんな</rt></ruby>の<ruby>人<rt>ひと</rt></ruby>と<ruby>男<rt>おとこ</rt></ruby>の<ruby>人<rt>ひと</rt></ruby>が<ruby>話<rt>はな</rt></ruby>しています。<ruby>女<rt>おんな</rt></ruby>の<ruby>人<rt>ひと</rt></ruby>はどんな<ruby>服<rt>ふく</rt></ruby>を<ruby>着<rt>き</rt></ruby>ていますか。

M　もしもし。<ruby>今<rt>いま</rt></ruby><ruby>駅<rt>えき</rt></ruby>に<ruby>着<rt>つ</rt></ruby>いたんですけど、どこにいますか。

F　<ruby>駅前<rt>えきまえ</rt></ruby>の<ruby>交番<rt>こうばん</rt></ruby>の<ruby>横<rt>よこ</rt></ruby>にいます。

M　<ruby>人<rt>ひと</rt></ruby>が<ruby>多<rt>おお</rt></ruby>いですね。<ruby>見<rt>み</rt></ruby>つけられるかなあ。

F　<ruby>赤<rt>あか</rt></ruby>いコートを<ruby>着<rt>き</rt></ruby>ているから、すぐ<ruby>分<rt>わ</rt></ruby>かると<ruby>思<rt>おも</rt></ruby>います。

M　コート…<ruby>長<rt>なが</rt></ruby>いコートですか。

F　いいえ、<ruby>短<rt>みじか</rt></ruby>いコートです。

M　あ、<ruby>黒<rt>くろ</rt></ruby>い<ruby>帽子<rt>ぼうし</rt></ruby>をかぶってるあの<ruby>人<rt>ひと</rt></ruby>かなあ…。

F　いいえ、<ruby>帽子<rt>ぼうし</rt></ruby>はかぶってないです。マフラーをしています。

M　あ、いたいた。<ruby>分<rt>わ</rt></ruby>かりました。<ruby>今<rt>いま</rt></ruby>、<ruby>行<rt>い</rt></ruby>きますね。

F　はい。

<ruby>女<rt>おんな</rt></ruby>の<ruby>人<rt>ひと</rt></ruby>はどんな<ruby>服<rt>ふく</rt></ruby>を<ruby>着<rt>き</rt></ruby>ていますか。

5 ばん

<ruby>会社<rt>かいしゃ</rt></ruby>で<ruby>男<rt>おとこ</rt></ruby>の<ruby>人<rt>ひと</rt></ruby>と<ruby>女<rt>おんな</rt></ruby>の<ruby>人<rt>ひと</rt></ruby>が<ruby>話<rt>はな</rt></ruby>しています。<ruby>女<rt>おんな</rt></ruby>の<ruby>人<rt>ひと</rt></ruby>はこれからまずどこへ<ruby>行<rt>い</rt></ruby>きますか。

M　<ruby>先輩<rt>せんぱい</rt></ruby>、<ruby>午後<rt>ごご</rt></ruby>にＡ<ruby>社<rt>しゃ</rt></ruby>の<ruby>部長<rt>ぶちょう</rt></ruby>のところに<ruby>行<rt>い</rt></ruby>くんですが、<ruby>一緒<rt>いっしょ</rt></ruby>に<ruby>行<rt>い</rt></ruby>ってもらえませんか。

F　わたし<ruby>銀行<rt>ぎんこう</rt></ruby>に<ruby>行<rt>い</rt></ruby>かなくちゃいけないの。<ruby>何時<rt>なんじ</rt></ruby>に<ruby>約束<rt>やくそく</rt></ruby>？

M　２<ruby>時<rt>じ</rt></ruby>です。

F　うーん。ちょっと<ruby>時間<rt>じかん</rt></ruby>がないなあ。これから、<ruby>第<rt>だい</rt></ruby>２<ruby>会議室<rt>かいぎしつ</rt></ruby>で<ruby>会議<rt>かいぎ</rt></ruby>もあるし。そのあと<ruby>食堂<rt>しょくどう</rt></ruby>で<ruby>お昼<rt>ひる</rt></ruby>を<ruby>食<rt>た</rt></ruby>べて、<ruby>銀行<rt>ぎんこう</rt></ruby>に<ruby>行<rt>い</rt></ruby>くと…２<ruby>時<rt>じ</rt></ruby>ぐらいになると<ruby>思<rt>おも</rt></ruby>う。

M　そうですか。じゃあ、<ruby>今回<rt>こんかい</rt></ruby>はわたし<ruby>一人<rt>ひとり</rt></ruby>で<ruby>行<rt>い</rt></ruby>きますね。

F　そうしてもらえる？ごめんね。

<ruby>女<rt>おんな</rt></ruby>の<ruby>人<rt>ひと</rt></ruby>はこれからまずどこへ<ruby>行<rt>い</rt></ruby>きますか。

6 ばん

<ruby>男<rt>おとこ</rt></ruby>の<ruby>人<rt>ひと</rt></ruby>と<ruby>女<rt>おんな</rt></ruby>の<ruby>人<rt>ひと</rt></ruby>が<ruby>話<rt>はな</rt></ruby>しています。<ruby>明日<rt>あした</rt></ruby>は<ruby>誰<rt>だれ</rt></ruby>の<ruby>誕生日<rt>たんじょうび</rt></ruby>ですか。

M　<ruby>吉田<rt>よしだ</rt></ruby>さん、ずいぶんたくさん、<ruby>買<rt>か</rt></ruby>いましたね。<ruby>何<rt>なに</rt></ruby>を<ruby>作<rt>つく</rt></ruby>りますか。

F　ああ、<ruby>明日<rt>あした</rt></ruby><ruby>誕生日<rt>たんじょうび</rt></ruby>だから、いろいろとおいしいものを<ruby>作<rt>つく</rt></ruby>りたいと<ruby>思<rt>おも</rt></ruby>って。

M　ケーキも<ruby>自分<rt>じぶん</rt></ruby>で<ruby>作<rt>つく</rt></ruby>れますか。すごいですね。

F　いえいえ。<ruby>娘<rt>むすめ</rt></ruby>がお<ruby>菓子<rt>かし</rt></ruby>を<ruby>作<rt>つく</rt></ruby>るのが<ruby>得意<rt>とくい</rt></ruby>なので、<ruby>娘<rt>むすめ</rt></ruby>と<ruby>一緒<rt>いっしょ</rt></ruby>に<ruby>作<rt>つく</rt></ruby>ります。

M　<ruby>誰<rt>だれ</rt></ruby>の<ruby>誕生日<rt>たんじょうび</rt></ruby>ですか。<ruby>息子<rt>むすこ</rt></ruby>さん？

F　いいえ、<ruby>主人<rt>しゅじん</rt></ruby>です。

M　そうですか。<ruby>料理<rt>りょうり</rt></ruby>の<ruby>上手<rt>じょうず</rt></ruby>な<ruby>奥<rt>おく</rt></ruby>さんでうらやましいですね。

<ruby>明日<rt>あした</rt></ruby>は<ruby>誰<rt>だれ</rt></ruby>の<ruby>誕生日<rt>たんじょうび</rt></ruby>ですか。

7 ばん

<ruby>男<rt>おとこ</rt></ruby>の<ruby>人<rt>ひと</rt></ruby>と<ruby>女<rt>おんな</rt></ruby>の<ruby>人<rt>ひと</rt></ruby>が<ruby>話<rt>はな</rt></ruby>しています。<ruby>男<rt>おとこ</rt></ruby>の<ruby>人<rt>ひと</rt></ruby>は<ruby>何<rt>なに</rt></ruby>で<ruby>行<rt>い</rt></ruby>きますか。

F　どこ<ruby>行<rt>い</rt></ruby>くの？

M　<ruby>新<rt>あたら</rt></ruby>しくできた<ruby>大<rt>おお</rt></ruby>きな<ruby>本屋<rt>ほんや</rt></ruby>に<ruby>行<rt>い</rt></ruby>ってくる。

F　<ruby>歩<rt>ある</rt></ruby>いて<ruby>行<rt>い</rt></ruby>くの？<ruby>家<rt>いえ</rt></ruby>の<ruby>車<rt>くるま</rt></ruby>、<ruby>故障<rt>こしょう</rt></ruby>しちゃって、<ruby>昨日<rt>きのう</rt></ruby><ruby>修理<rt>しゅうり</rt></ruby>にだしたところなのよ。

M　え、そうなの。<ruby>車<rt>くるま</rt></ruby>で<ruby>行<rt>い</rt></ruby>こうと<ruby>思<rt>おも</rt></ruby>ったんだけど。

F　<ruby>電車<rt>でんしゃ</rt></ruby>で<ruby>行<rt>い</rt></ruby>ったら？

M　うーん。<ruby>天気<rt>てんき</rt></ruby>もいいし、<ruby>久<rt>ひさ</rt></ruby>しぶりに<ruby>自転車<rt>じてんしゃ</rt></ruby>に<ruby>乗<rt>の</rt></ruby>って<ruby>行<rt>い</rt></ruby>くよ。

F　そう。<ruby>気<rt>き</rt></ruby>をつけてね。

<ruby>男<rt>おとこ</rt></ruby>の<ruby>人<rt>ひと</rt></ruby>は<ruby>何<rt>なに</rt></ruby>で<ruby>行<rt>い</rt></ruby>きますか。

8ばん

母親と息子が話しています。息子がまず、しなくてはいけないことは何ですか。

F　まだ片づけてないの。早くしなさい。

M　もうお腹すいた。ご飯のあとでしたらだめ?

F　だめ。部屋をきれいにしてから、ご飯にしましょう。それにご飯のあとは宿題をしなきゃいけないでしょう?

M　え、ご飯のあとに見たいテレビがあるのに。

F　早く宿題をすれば見れるわよ。

M　分かったよ。

息子がまず、しなくてはいけないことは何ですか。

もんだい2

もんだい2では、まず　しつもんを　聞いてください。そのあと、もんだいようしを　見て　ください。読む　時間が　あります。それから　話を　聞いて、もんだいようしの　1から4の　中から、いちばん　いい　ものを　一つ　えらんで　ください。

れい

女の人と男の人が話しています。女の人は、どうして引っ越しをしますか。

F　来週の日曜日、引っ越しを手伝ってくれない?

M　いいけど、また引っ越すんだね。部屋が狭いの?

F　ううん。部屋の大きさも場所も問題ないんだけど、建物が古くて嫌なんだ。最近、近所の人と友だちになったから、残念なんだけど。

M　そうなんだ。

女の人は、どうして引っ越しをしますか。

1ばん

男の人と女の人が話しています。女の人はどんな仕事を探していますか。

M　何を見ていますか。

F　仕事の紹介です。

M　仕事を探していますか。へえ、たくさんの仕事がありますね。

F　ホテルの受付の仕事が多いです。この町は観光客が多いので。

M　なるほど。あとは病院の仕事も多いですね。看護師とか。田中さんは今までずっと事務の仕事をしていましたよね。

F　はい。今度はレストランやカフェで料理をする仕事を探しています。

M　そうですか。全然違う仕事ですね。

F　ええ。いつかカフェをやりたいと思っているんです。

M　そうですか。いい仕事が見つかるといいですね。

女の人はどんな仕事を探していますか。

2ばん

男の人と女の人が話しています。男の人はどの本を買いますか。

M　本がたくさんありますね。

F　ええ、ここはこの町で一番大きな本屋です。ほら、山田さんの好きな車の本がこんなにたくさんありますよ。どれを買いますか。

M　いえ、今日は車の本ではなくて、動物の本を買いにきました。

F　動物ですか。

M　はい。最近、興味があるんです。あ、ここにたくさんありますね。魚の本もこんなにあるんですね。今度、買おうかな。

F じゃあ、わたしは辞書を買うので、あちらにいますね。

M 分かりました。選んだらそちらに行きますね。

男の人はどの本を買いますか。

3 ばん

女の人と男の人が話しています。女の人はいつまで日本にいますか。

M ヤンさん、ホテルの近くにおいしいラーメンの店があります。行きましたか。

F いいえ、まだです。13日に日本に来たばかりですから。

M え、おととい来たんですか。

F はい。

M じゃあ、来週一緒に行きましょうか。18日の火曜日はどうですか。

F わたし、18日に帰るんです。

M えっ、そうですか。じゃあ、17日の月曜日は?

F 16日はだめですか。

M その日はお店が休みなんです。

F そうですか。じゃあ、月曜日に行きましょう。

女の人はいつまで日本にいますか。

4 ばん

男の人と女の人が話しています。女の人が住んでいるところはどんな天気ですか。

M 今日はとても晴れていますよ。

F そうですか。ここは雨が降るそうです。

M もう降っていますか。

F いいえ。曇っていますが、まだ降ってはいません。そちらは寒いですか。

M いいえ。風は強いですが、暖かいです。

F そうですか。いいですね。こちらは来週には雪が降るそうです。

M そうですか。まだ11月なのに雪が降るんですね。

F ええ。雪が降る前に暖かい服を買いに行かなくちゃ。

女の人が住んでいるところはどんな天気ですか。

5 ばん

女の人と男の人が話しています。二人はいつ出発しますか。

M 何時ごろ出発しようか。

F 朝早く出発したほうがいいよね。

M うーん。それより、夜の船に乗って船の中で1泊するほうがいいと思うよ。

F ああ、なるほど。それだと、何時ごろ到着するの?

M 11時ごろかな。

F じゃあ、着いてからすぐお昼ご飯を食べて、旅館に行こうか。

M そうだね。夕方までは旅館でゆっくりしよう。

F そうね。

二人はいつ出発しますか。

6 ばん

男の人と女の人が話しています。男の人は明日学校で何をしますか。

F 明日、一緒に映画を見に行かない?

M 明日は学校に行くんだ。

F どうして? 授業はないでしょう? サークルの練習?

M ちょっと調べたいことがあって。学校の図書館なら探している本があるかもしれないから。

F そう? 何時ごろ終わりそう?

M うーん、はっきりした時間は分からないな。

F じゃあ、わたしも学校にいるから終わったら電話して。月曜日までに出さなきゃいけないレポートがあるから、それを書きながら待ってる。

M 分かった。連絡するね。

F うん。

男の人は明日学校で何をしますか。

7 ばん

娘が母親に電話をしています。娘は旅行にどんなバッグを持って行きますか。

F1 もしもし、お母さん？ わたしだけど、来週の旅行に持って行くバッグを借りたいんだけど。ほら、お母さんが去年買ったバッグあるでしょう。

F2 ああ、あの青いのね。

F1 ううん、青いのじゃなくて、黒いの。この間の旅行にも持って行ったじゃない。

F2 大きい旅行かばん？

F1 大きい旅行かばんじゃなくて、お財布とケータイが入るぐらいの小さいバッグよ。

F2 ああ、あれね。どこにしまったかな。探しておくね。

F1 うん。お願い。

娘は旅行にどんなバッグを持って行きますか。

もんだい 3

もんだい3では、えを 見ながら しつもんを 聞いて ください。➡ （やじるし）の 人は 何と 言いますか。1から3の 中から、いちばん いい ものを 一つ えらんで ください。

れい

レストランでお店の人を呼びます。何と言いますか。

1 いらっしゃいませ。

2 失礼しました。

3 すみません。

1 ばん

雨が降っています。先輩にかさを貸したいです。何と言いますか。

1 かさを貸しましょうか。

2 かさを貸すつもりです。

3 かさを貸してみませんか。

2 ばん

映画に行こうと言われましたが、時間がありません。何と言いますか。

1 すみません。映画に行きます。

2 すみません。調子が悪いです。

3 すみません。用事があります。

3 ばん

友だちがせきをしています。薬をあげたいです。何と言いますか。

1 この薬をあげませんか。

2 この薬を飲みませんか。

3 この薬を飲むかもしれません。

4 ばん

コピーをしたいです。使い方が分かりません。何と言いますか。

1 コピーの仕方を教えたらどうですか。
2 コピーの仕方を教えましょう。
3 コピーの仕方を教えてください。

5 ばん

カフェにいます。タバコが吸えるかどうかしりたいです。何と言いますか。

1 ここでタバコを吸ってもいいですか。
2 ここでタバコを吸いますか。
3 ここでタバコを吸いましょうか。

もんだい 4

もんだい 4 では、えなどが ありません。まず ぶんを 聞いて ください。それから、そのへんじを 聞いて、1 から 3 の 中から、いちばん いい ものを 一つ えらんで ください。

れい

ジュースを買いに行きますけど、何か買ってきましょうか。

1 ええ、いいですよ。
2 そうですか。おいしそうですね。
3 あ、コーヒー、お願いします。

1 ばん

ここで、飲み物を飲んでもいいですか。

1 どうぞ、食べてください。
2 ありがとう。いただきます。
3 飲み物は外で飲んでください。

2 ばん

雨が降っていますね。かさはありますか。

1 忘れてしまいました。
2 雪が降ることもあります。
3 週に 1 回です。

3 ばん

お腹がすいたので、何か食べませんか。

1 とてもおいしいです。
2 はい、食堂に行きましょう。
3 どういたしまして。

4 ばん

どこで散歩をしましょうか。

1 いいですね。行きましょう。
2 わたしもしてみたいです。
3 川の近くはどうですか。

5 ばん

高校を卒業したらどうしますか。

1 今年卒業します。
2 大学に行きます。
3 高校は楽しかったです。

6 ばん

明日、4 時にここで会うのはどうですか。

1 4 時半ではだめですか。
2 いいですよ。何時にしましょうか。
3 そうですか。心配ですね。

7ばん

次の授業はどの先生ですか。

1　いいえ、先生はまだです。

2　山田先生ですよ。

3　はい、そうです。

8ばん

疲れましたね。少し休みましょうか。

1　じゃあ、あの喫茶店に入りましょう。

2　はい、おやすみなさい。

3　もう3日も休んでいます。

1교시 언어지식(문자 · 어휘)

문제1	**1** ②	**2** ③	**3** ①	**4** ③	**5** ①	**6** ①	**7** ④

문제2	**8** ②	**9** ①	**10** ④	**11** ④	**12** ③

문제3	**13** ②	**14** ②	**15** ④	**16** ③	**17** ②	**18** ④	**19** ③	**20** ①

문제4	**21** ①	**22** ④	**23** ③	**24** ②

문제5	**25** ④	**26** ②	**27** ①	**28** ②

1교시 언어지식(문법) / 독해

문제1	**1** ②	**2** ③	**3** ②	**4** ④	**5** ①	**6** ②	**7** ③	**8** ④	**9** ④
	10 ①	**11** ③	**12** ④	**13** ②					

문제2	**14** ①	**15** ③	**16** ①	**17** ①

문제3	**18** ①	**19** ④	**20** ②	**21** ②

문제4	**22** ②	**23** ②	**24** ④

문제5	**25** ②	**26** ④	**27** ②

문제6	**28** ③	**29** ③

2교시 청해

문제1	**1** ④	**2** ③	**3** ②	**4** ②	**5** ②	**6** ③	**7** ③	**8** ②

문제2	**1** ②	**2** ③	**3** ②	**4** ③	**5** ②	**6** ③	**7** ②

문제3	**1** ①	**2** ③	**3** ②	**4** ①	**5** ③

문제4	**1** ①	**2** ③	**3** ④	**4** ②	**5** ①	**6** ②	**7** ①	**8** ②

もんだい1

もんだい1では、まず しつもんを 聞いて ください。それから 話を 聞いて、もんだいようしの 1から4の 中から、いちばん いい ものを 一つ えらんで ください。

れい

男の人が女の人に電話をしています。男の人は、何を買って帰りますか。

M これから帰るけど、何か買って帰ろうか。

F あ、ありがとう。えっとね、牛乳。それから。

M ちょっと待って、牛乳は1本でいいの?

F えっと、2本お願い。それから、チーズ。

M あれ、チーズはまだたくさんあったよね。

F ごめん、今日のお昼に全部食べたの。

M 分かった。じゃ、買って帰るね。

男の人は、何を買って帰りますか。

1ばん

男の人と女の人が話しています。男の人はこれから何をしますか。

M 明日から小学生か。子供が大きくなるのは早いね。

F そうね。入学式の準備もいろいろあるし、本当に大変。

M 入学式に必要な物は全部買った?

F もちろんよ。あなたのネクタイも買ってきたわよ。

M ありがとう。じゃあ、ぼくは髪を切ってこようかな。

F あっ、その前にカメラが故障してないか、ちょっと見てくれる?

M ああ、久しぶりに使うからね。

F 今、持ってくる。ちょっと待ってて。

男の人はこれから何をしますか。

2ばん

男の人と女の人が話しています。女の人は何を注文しますか。

F 文房具が少なくなってきたから注文しようと思うんですけど、何が必要ですか。

M 確か、消しゴムがもうないんじゃないかな。鉛筆の隣の引き出し開けてみて。

F たくさんありますよ。でも、黒のボールペンがもうないですね。

M そう。じゃあ、100本注文しておいて。コピーの紙は今日届くから。

F 分かりました。ほかは大丈夫ですか。

M うん。あ、紙は届いたらコピー機の横に置いといて。

F 分かりました。

女の人は何を注文しますか。

3ばん

男の学生が女の先生と話しています。男の学生は何をしますか。

M 先生、教室のそうじ、終わりました。

F お疲れさま。教室の窓も閉めてくれた?

M いいえ。黒板を消したので、開けておいたほうがいいと思って。

F そう。ほかの生徒たちはどうしたの?

M みんな帰りました。

F えっ、困ったなあ。教科書を教室に運んでもらいたかったのに。

M ぼく、一人で運べますよ。

F 明日、他の子にやらせましょう。悪いけど、

窓だけ閉めてから帰ってくれる？

M 分かりました。

男の学生は何をしますか。

4ばん

男の人と女の人が電話で話しています。女の人は何曜日に行きますか。

F 先日お話しした件で、一度会社に伺いたいんですが、いつがよろしいですか。

M 今週なら水曜日ですね。来週なら、月曜日か木曜日が空いています。

F 水曜日というと、あさってですね。じゃあ、水曜日でお願いします。

M 分かりました。スケジュールを確認しますね。えーと、１０時から１２時はいかがでしょうか。

F あ、すみません。午前中は予定があるんです。じゃ、来週の月曜日にしましょうか。

M もし夜でもよければ、明日でも大丈夫ですよ。７時では遅いですか。

F いえ、大丈夫です。

M では、７時にお待ちしています。

女の人は何曜日に行きますか。

5ばん

男の人と女の人が話しています。男の人はこれから何をしますか。

M 今日、海外からお客様が来るの、知ってる？

F 知ってるわよ。ホテルの予約も私がしたんだから。

M そうか。それでね、ぼくが空港まで車で迎えに行くことになっているんだ。

F ４時の飛行機でしょう。もう行ったほうがいいんじゃない？遅れたら大変よ。

M まだ、大丈夫だろう。この資料を作ってから行くよ。

F 資料なら私が作るから。早く行って。

M ありがとう。じゃあ、頼んだよ。

F うん、分かった。

男の人はこれから何をしますか。

6ばん

男の人と女の人が話しています。女の人は何を買いに行きますか。

F 冷蔵庫に何もないんだけど、お弁当でも買ってくる？

M カレーが食べたいなあ。駅前のカレー屋さんに行こうよ。

F カレーだったら、すぐ作れるから、材料買ってくる。

M 分かった。じゃあ、八百屋はぼくが行くよ。

F ありがとう。じゃあ、わたしは肉を買ってくるね。

M 肉屋の隣に酒屋があるよね。ついでにお酒も買ってきてくれる？

F 分かった。じゃあ、行きましょう。

女の人は何を買いに行きますか。

7ばん

女の人が男の人と電話で話しています。男の人の書いたメモはどれですか。

F 営業部の吉田です。部長、いらっしゃいますか。

M えーと、部長は今、席を外しています。

F じゃあ、明日の打ち合わせのことで、変わったことがあるので伝えていただけますか。

M デザイン会社との打ち合わせの件ですか。

明日の2時ですよね。

F ええ。そうなんですけど、佐藤さんの都合が悪くなってしまったそうなんです。

M じゃあ、他の日にするんですか。

F 代わりの方が来るそうです。西田さんという男性の方です。

M 分かりました。伝えておきます。

男の人の書いたメモはどれですか。

8ばん

男の人と女の人が電話で話しています。女の人はどこで男の人と会いますか。

M もしもし。今、どのへん?

F 遅れてすみません。あと10分ぐらいで着くと思います。

M 分かった。じゃあ、着いたらまず、北口に出て。

F 北口ですね。改札を出たところでいいですか。

M 改札を出て、右に進むと花屋があるの、わかる?

F えーっと…。改札を出たら、デパートの入り口がありますよね?

M それは、南口だよ。

F あっ、そうか。

M その前のベンチに座って待ってるから。

F 分かりました。もう少々お待ちください。

女の人はどこで男の人と会いますか。

もんだい2

もんだい2では、まず しつもんを 聞いて ください。そのあと、もんだいようしを 見て ください。読む 時間が あります。そ

れから 話を 聞いて、もんだいようしの 1から4の 中から、いちばん いい もの を 一つ えらんで ください。

れい

女の人と男の人が話しています。女の人は、どうして引っ越しをしますか。

F 来週の日曜日、引っ越しを手伝ってくれない?

M いいけど、また引っ越すんだね。部屋が狭いの?

F ううん。部屋の大きさも場所も問題ないんだけど、建物が古くて嫌なんだ。最近、近所の人と友だちになったから、残念なんだけど。

M そうなんだ。

女の人は、どうして引っ越しをしますか。

1ばん

男の人と女の人が話しています。女の人はどうしてテレビを見ませんか。

M ねえ、昨日の夜8時からのドラマ見た?

F ううん。わたし、テレビ全然見ないの。

M あ、そうなんだ。

F せっかく買ったのにもったいないなあ、って思うんだけど、どれもつまらなそうで、見る気にならなくて。

M そう? 面白い番組たくさんあるよ。じゃ、時間があるとき何してるの?

F 音楽聞いてるかなあ。好きな音楽聞いてると、つい時間を忘れちゃう。

M ぼくはテレビ見てると時間を忘れちゃうよ。

F あんまり見すぎると目が悪くなるよ。気を付けて。

M そうだね。

女の人はどうしてテレビを見ませんか。

2ばん

男の人と女の人が話しています。男の人は何日に出発しますか。

F ヨーロッパ旅行に行くそうですね。

M ええ。10日間の予定でいくんですが、初めてなので、とても楽しみですよ。

F うらやましいです。確か、8日にアルバイトが入ってましたよね?

M はい。その日は4時までアルバイトをして、次の日に出発します。

F じゃあ、あと3日しか残ってないですね。準備はもう終わったんですか。

M 今、やっているところです。お土産、買ってきますね。

F わあ。楽しみにしています。

男の人は何日に出発しますか。

3ばん

男の人と女の人が話しています。男の人は何を探していますか。

M どうしよう。どこを探しても見つからないよ。

F さっき乗ったタクシーの中に忘れてきたんじゃない?

M いや。確かにこの書類と一緒にかばんに入れたんだ。

F まあ、でも、財布じゃなくてよかったわね。また買えばいいじゃない。

M あの手帳にはスケジュールや重要な情報が全部書いてあるんだよ。

F どうしてそんな大事なものをなくすのよ。とにかく、会社に戻ったら、もう一度探して

みましょう。

男の人は何を探していますか。

4ばん

男の人と女の人が話しています。男の人はどこをけがしましたか。

F あれ、血がでてる。どうしたの?

M あ、これ? 地下鉄の駅の階段で、後ろの人に押されちゃってね。

F えっ。階段から落ちたの?

M そうなんだ。頭は手で守ったから、打たなかったんだけど。

F それはよかったけど、鼻の上はちょっと恥ずかしいわね。

M ほんとうだよ。大事な顔なのに。

F でも、試合の前に足をけがしなくてよかったわね。

男の人はどこをけがしましたか。

5ばん

父親と娘が話しています。娘が嬉しかったことは何ですか。

M 最近、学校はどうだ? 楽しいか?

F うん。楽しいよ。今は音楽会の練習が大変だけどね。

M へえ。いろんな行事があるんだな。少し前にもスピーチ大会があっただろう。

F あ、そうそう。まあ、賞はもらえなかったけど。

M そうか。でも、英語の発音がいいってほめられたそうじゃないか。

F そうそう。しかも、外国人の先生に言われたの。嬉しかったなあ。

M 英語の成績ももっとあがるといいんだけどな。

F　そうだね。

娘が嬉しかったことは何ですか。

6ばん

男の人と女の人が話しています。二人が買ったのはどんなカップですか。

M　いろいろあるね。どれにする？

F　これ、きれいな青だね。これがいいな。

M　確かに色はきれいだけど、もっとたくさん飲めるのがいいよ。

F　うーん。ちょっと小さいかなあ。

M　これはどう？ 冷めにくいんだって。

F　へえ。今の季節にぴったりだね。ふたもついてるし。

M　色もシンプルな白でいいんじゃない？

F　うん。じゃあ、これにしよう。

二人が買ったのはどんなカップですか。

7ばん

男の人と女の人が話しています。男の人は図書館で何をしますか。

F　あれ、どこに行くの？

M　大学の図書館だよ。

F　どうしてそんなに急いでいるの？ 誰かと約束？

M　ううん。早く行っていい席を取らないと、と思ってね。

F　ああ。もうすぐ試験だから、勉強しに行くのね。

M　まあね。借りたい本もあるんだけど、今は本を読む時間もないよ。

F　わたしも、ちょうど図書館に行くところなの。返さなきゃいけない本があって。

M　そうか。じゃあ、一緒に行こう。

男の人は図書館で何をしますか。

もんだい3

もんだい3では、えを　見ながら　しつもんを　聞いて　ください。➡（やじるし）の人は　何と　言いますか。1から3の　中から、いちばん　いい　ものを　一つ　えらんで　ください。

れい

レストランでお店の人を呼びます。何と言いますか。

1　いらっしゃいませ。

2　失礼しました。

3　すみません。

1ばん

明日、友達と約束があります。行けなくなりました。何と言いますか。

1　約束をほかの日に変えてもいい？

2　約束をほかの日に変えるそうだね。

3　約束をほかの日に変えてよかったね。

2ばん

トイレに行きたいです。場所が分かりません。何と言いますか。

1　すみません、トイレはどこにいらっしゃいますか。

2　すみません、トイレはどこにいますか。

3　すみません、トイレはどこですか。

3ばん

服をもらいました。小さくて着られません。
何と言いますか。

1　この服、あまり気に入りません。
2　この服、わたしには小さいです。
3　この服、着ないそうです。

4ばん

せんぱいの家に来ました。料理を作ってくれました。何と言いますか。

1　とてもおいしそうですね。
2　それはけっこうですね。
3　えんりょなくどうぞ。

5ばん

授業中です。黒板の文字が小さくて見えません。何と言いますか。

1　もっとよく見せてください。
2　もっと音を上げてください。
3　もっと大きく書いてください。

もんだい4

もんだい4では、えなどが　ありません。まず　ぶんを　聞いて　ください。それから、そのへんじを　聞いて、1から3の　中から、いちばん　いい　ものを　一つ　えらんでください。

れい

ジュースを買いに行きますけど、何か買ってきましょうか。

1　ええ、いいですよ。

2　そうですか。おいしそうですね。

3　あ、コーヒー、お願いします。

1ばん

そろそろ帰りましょうか。

1　そうですね。行きましょう。
2　そうですか。気を付けて。
3　ええ。やっと着きましたね。

2ばん

お腹がすきませんか。

1　いいえ。あまり好きではありません。
2　さっき薬を飲んだから大丈夫です。
3　そうですね。お昼ご飯にしましょうか。

3ばん

どっちの指輪がいいと思う？

1　うん。本当にきれい。
2　そうね。わたしもそう思う。
3　こっちがいいんじゃない？

4ばん

クーラーが故障したようです。

1　間に合ってよかったですね。
2　暑いのに、困りましたね。
3　修理に1週間もかかりました。

5ばん

次の予約の日はいつにしますか。

1　10日でお願いします。
2　その日はちょっと…。
3　5時はいかがでしょうか。

6ばん

あけましておめでとうございます。

1 どうもありがとうございます。

2 あけましておめでとうございます。

3 よいお年をお迎えください。

7ばん

部長は今日お休みですか。

1 はい。用事があるそうですよ。

2 はい。ランチに行きましたよ。

3 はい。ゆっくり休んでください。

8ばん

道はすぐに分かりましたか。

1 まっすぐ行って右です。

2 いいえ、少し迷いました。

3 はい。一生けんめい探しています。

にほんごのうりょくしけん かいとうようし

N5 파이널 테스트 1회
げんごちしき (もじ・ごい)

じゅけんばんごう
Examinee Registration
Number

なまえ
Name

もんだい 1

1	①	②	③	④
2	①	②	③	④
3	①	②	③	④
4	①	②	③	④
5	①	②	③	④
6	①	②	③	④
7	①	②	③	④

もんだい 2

8	①	②	③	④
9	①	②	③	④
10	①	②	③	④
11	①	②	③	④
12	①	②	③	④

もんだい 3

13	①	②	③	④
14	①	②	③	④
15	①	②	③	④
16	①	②	③	④
17	①	②	③	④
18	①	②	③	④

もんだい 4

19	①	②	③	④
20	①	②	③	④
21	①	②	③	④

N5 파이널 테스트 1회

にほんごのうりょくしけん かいとうようし

げんごちしき (ぶんぽう)・どっかい

じゅけんばんごう
Examinee Registration
Number

なまえ
Name

もんだい 1

1	①	②	③	④
2	①	②	③	④
3	①	②	③	④
4	①	②	③	④
5	①	②	③	④
6	①	②	③	④
7	①	②	③	④
8	①	②	③	④
9	①	②	③	④

もんだい 2

10	①	②	③	④
11	①	②	③	④
12	①	②	③	④
13	①	②	③	④

もんだい 3

14	①	②	③	④
15	①	②	③	④
16	①	②	③	④

もんだい 4

17	①	②	③	④
18	①	②	③	④
19	①	②	③	④

もんだい 5

20	①	②	③	④
21	①	②	③	④

もんだい 6

22	①	②	③	④

にほんごのうりょくしけん かいとうようし

N5 파이널 테스트 1회
ちょうかい

じゅけんばんごう
Examinee Registration
Number

なまえ
Name

もんだい 1

	1	2	3	4
れい	①	●	③	④
1	①	②	③	④
2	①	②	③	④
3	①	②	③	④
4	①	②	③	④
5	①	②	③	④
6	①	②	③	④
7	①	②	③	④

もんだい 2

	1	2	3	4
れい	①	●	③	④
1	①	②	③	④
2	①	②	③	④
3	①	②	③	④
4	①	②	③	④
5	①	②	③	④
6	①	②	③	④

もんだい 3

	1	2	3
れい	①	●	③
1	①	②	③
2	①	②	③
3	①	②	③
4	①	②	③
5	①	②	③

もんだい 4

	1	2	3
れい	①	●	③
1	①	②	③
2	①	②	③
3	①	②	③
4	①	②	③
5	①	②	③
6	①	②	③

にほんごのうりょくしけん かいとうようし

N5 파이널 테스트 2회

げんごちしき (もじ・でい)

じゅけんばんごう
Examinee Registration
Number

なまえ
Name

もんだい 1

1	①	②	③	④
2	①	②	③	④
3	①	②	③	④
4	①	②	③	④
5	①	②	③	④
6	①	②	③	④

もんだい 2

7	①	②	③	④
8	①	②	③	④
9	①	②	③	④
10	①	②	③	④
11	①	②	③	④
12	①	②	③	④

もんだい 3

13	①	②	③	④
14	①	②	③	④
15	①	②	③	④
16	①	②	③	④
17	①	②	③	④
18	①	②	③	④

もんだい 4

19	①	②	③	④
20	①	②	③	④
21	①	②	③	④

にほんごのうりょくしけん かいとうようし

N5 파이널 테스트 2회

げんごちしき (ぶんぽう)・どっかい

じゅけんばんごう
Examinee Registration
Number

なまえ
Name

もんだい 1

1	①	②	③	④
2	①	②	③	④
3	①	②	③	④
4	①	②	③	④
5	①	②	③	④
6	①	②	③	④
7	①	②	③	④
8	①	②	③	④
9	①	②	③	④

もんだい 2

10	①	②	③	④
11	①	②	③	④
12	①	②	③	④
13	①	②	③	④

もんだい 3

14	①	②	③	④
15	①	②	③	④
16	①	②	③	④
17	①	②	③	④

もんだい 4

18	①	②	③	④
19	①	②	③	④

もんだい 5

20	①	②	③	④
21	①	②	③	④

もんだい 6

22	①	②	③	④

にほんごのうりょくしけん かいとうようし

N5 파이널 테스트 2회
ちょうかい

じゅけんばんごう
Examinee Registration Number

なまえ
Name

（ちゅうい Notes）
1. くろい えんぴつ（HB、No2）で かいて ください。
（ペンや ボールペンでは かかないで ください。）
Use a black medium soft (HB or No.2) pencil.
(Do not use any kind of pen.)
2. かきなおす ときは、けしゴムで きれいに けして ください。
Erase any unintended marks completely.
3. きたなく したり、おったり しないで ください。
Do not soil or bend this sheet.
4. マークれい Marking examples

よい れい Correct Example	わるい れい Incorrect Examples
●	⊘ ⊙ ○ ◑ ◐ ●

もんだい 1

	1	2	3	4
れい	①	②	③	●
1	①	②	③	④
2	①	②	③	④
3	①	②	③	④
4	①	②	③	④
5	①	②	③	④
6	①	②	③	④
7	①	②	③	④

もんだい 2

	1	2	3	4
れい	①	②	●	④
1	①	②	③	④
2	①	②	③	④
3	①	②	③	④
4	①	②	③	④
5	①	②	③	④
6	①	②	③	④

もんだい 3

	1	2	3
れい	①	②	●
1	①	②	③
2	①	②	③
3	①	②	③
4	①	②	③
5	①	②	③

もんだい 4

	1	2	3
れい	①	●	③
1	①	②	③
2	①	②	③
3	①	②	③
4	①	②	③
5	①	②	③
6	①	②	③

にほんごのうりょくしけん かいとうようし

N5 파이널 테스트 3회
げんごちしき (もじ・ごい)

じゅけんばんごう
Examinee Registration
Number

なまえ
Name

もんだい 1

1	①	②	③	④
2	①	②	③	④
3	①	②	③	④
4	①	②	③	④
5	①	②	③	④
6	①	②	③	④
7	①	②	③	④

もんだい 2

8	①	②	③	④
9	①	②	③	④
10	①	②	③	④
11	①	②	③	④
12	①	②	③	④

もんだい 3

13	①	②	③	④
14	①	②	③	④
15	①	②	③	④
16	①	②	③	④
17	①	②	③	④
18	①	②	③	④

もんだい 4

19	①	②	③	④
20	①	②	③	④
21	①	②	③	④

にほんごのうりょくしけん かいとうようし

N5 파이널 테스트 3회

げんごちしき (ぶんぽう)・どっかい

もんだい 1

1	①	②	③	④
2	①	②	③	④
3	①	②	③	④
4	①	②	③	④
5	①	②	③	④
6	①	②	③	④
7	①	②	③	④
8	①	②	③	④
9	①	②	③	④

もんだい 2

10	①	②	③	④
11	①	②	③	④
12	①	②	③	④
13	①	②	③	④

もんだい 3

14	①	②	③	④
15	①	②	③	④
16	①	②	③	④

もんだい 4

17	①	②	③	④
18	①	②	③	④
19	①	②	③	④

もんだい 5

20	①	②	③	④
21	①	②	③	④

もんだい 6

22	①	②	③	④

にほんごのうりょくしけん かいとうようし

N5 파이널 테스트 3회

ちょうかい

じゅけんばんごう
Examinee Registration
Number

なまえ
Name

もんだい 1

	1	2	3	4
れい	①	●	③	④
1	①	②	③	④
2	①	②	③	④
3	①	②	③	④
4	①	②	③	④
5	①	②	③	④
6	①	②	③	④
7	①	②	③	④

もんだい 2

	1	2	3	4
れい	①	●	③	④
1	①	②	③	④
2	①	②	③	④
3	①	②	③	④
4	①	②	③	④
5	①	②	③	④
6	①	②	③	④

もんだい 3

	1	2	3
れい	①	●	③
1	①	②	③
2	①	②	③
3	①	②	③
4	①	②	③
5	①	②	③

もんだい 4

	1	2	3
れい	①	●	③
1	①	②	③
2	①	②	③
3	①	②	③
4	①	②	③
5	①	②	③
6	①	②	③

にほんごのうりょくしけん かいとうようし

N4 파이널 테스트 1회

げんごちしき (もじ・ごい)

もんだい 1

1	① ② ③ ④
2	① ② ③ ④
3	① ② ③ ④
4	① ② ③ ④
5	① ② ③ ④
6	① ② ③ ④
7	① ② ③ ④

もんだい 2

8	① ② ③ ④
9	① ② ③ ④
10	① ② ③ ④
11	① ② ③ ④
12	① ② ③ ④

もんだい 3

13	① ② ③ ④
14	① ② ③ ④
15	① ② ③ ④
16	① ② ③ ④
17	① ② ③ ④
18	① ② ③ ④
19	① ② ③ ④
20	① ② ③ ④

もんだい 4

21	① ② ③ ④
22	① ② ③ ④
23	① ② ③ ④
24	① ② ③ ④

もんだい 5

25	① ② ③ ④
26	① ② ③ ④
27	① ② ③ ④
28	① ② ③ ④

にほんごのうりょくしけん かいとうようし

N4 파이널 테스트 1회
げんごちしき (ぶんぽう)・どっかい

じゅけんばんごう
Examinee Registration
Number

なまえ
Name

もんだい 1

1	①	②	③	④
2	①	②	③	④
3	①	②	③	④
4	①	②	③	④
5	①	②	③	④
6	①	②	③	④
7	①	②	③	④
8	①	②	③	④
9	①	②	③	④
10	①	②	③	④
11	①	②	③	④
12	①	②	③	④
13	①	②	③	④

もんだい 2

14	①	②	③	④
15	①	②	③	④
16	①	②	③	④
17	①	②	③	④

もんだい 3

18	①	②	③	④
19	①	②	③	④
20	①	②	③	④
21	①	②	③	④

もんだい 4

22	①	②	③	④
23	①	②	③	④
24	①	②	③	④

もんだい 5

25	①	②	③	④
26	①	②	③	④
27	①	②	③	④

もんだい 6

28	①	②	③	④
29	①	②	③	④

にほんごのうりょくしけん かいとうようし

N4 파이널 테스트 1회
ちょうかい

じゅけんばんごう
Examinee Registration
Number

なまえ
Name

ちゅうい Notes

1. くろい えんぴつ (HB、No.2)で かいて ください。
   (ペンや ボールペンでは かかないで ください。)
   Use a black medium soft (HB or No.2) pencil.
   (Do not use any kind of pen.)
2. かきなおす ときは、けしゴムで きれいに けして
   ください。
   Erase any unintended marks completely.
3. きたなく したり、おったり しないで ください。
   Do not soil or bend this sheet.
4. マークれい Marking examples

よい れい Correct Example	わるい れい Incorrect Examples
●	⊘ ◌ ◑ ◔ ○ ●

もんだい 1

れい	①	②	③	●
1	①	②	③	④
2	①	②	③	④
3	①	②	③	④
4	①	②	③	④
5	①	②	③	④
6	①	②	③	④
7	①	②	③	④
8	①	②	③	④

もんだい 2

れい	①	②	●	④
1	①	②	③	④
2	①	②	③	④
3	①	②	③	④
4	①	②	③	④
5	①	②	③	④
6	①	②	③	④
7	①	②	③	④

もんだい 3

れい	①	②	●
1	①	②	③
2	①	②	③
3	①	②	③
4	①	②	③
5	①	②	③

もんだい 4

れい	①	②	●
1	①	②	③
2	①	②	③
3	①	②	③
4	①	②	③
5	①	②	③
6	①	②	④
7	①	②	④
8	①	②	③

にほんごのうりょくしけん かいとうようし

N4 파이널 테스트 2회
げんごちしき (もじ・ごい)

じゅけんばんごう
Examinee Registration Number

なまえ
Name

もんだい 1

1	①	②	③	④
2	①	②	③	④
3	①	②	③	④
4	①	②	③	④
5	①	②	③	④
6	①	②	③	④
7	①	②	③	④

もんだい 2

8	①	②	③	④
9	①	②	③	④
10	①	②	③	④
11	①	②	③	④
12	①	②	③	④

もんだい 3

13	①	②	③	④
14	①	②	③	④
15	①	②	③	④
16	①	②	③	④
17	①	②	③	④
18	①	②	③	④
19	①	②	③	④
20	①	②	③	④

もんだい 4

21	①	②	③	④
22	①	②	③	④
23	①	②	③	④
24	①	②	③	④

もんだい 5

25	①	②	③	④
26	①	②	③	④
27	①	②	③	④
28	①	②	③	④

N4 파이널 테스트 2회

日本語能力試験 かいとうようし

げんごちしき (ぶんぽう)・どっかい

じゅけんばんごう
Examinee Registration
Number

なまえ
Name

もんだい 1

1	①	②	③	④
2	①	②	③	④
3	①	②	③	④
4	①	②	③	④
5	①	②	③	④
6	①	②	③	④
7	①	②	③	④
8	①	②	③	④
9	①	②	③	④
10	①	②	③	④
11	①	②	③	④
12	①	②	③	④

もんだい 2

13	①	②	③	④
14	①	②	③	④
15	①	②	③	④
16	①	②	③	④
17	①	②	③	④

もんだい 3

18	①	②	③	④
19	①	②	③	④
20	①	②	③	④
21	①	②	③	④

もんだい 4

22	①	②	③	④
23	①	②	③	④
24	①	②	③	④

もんだい 5

25	①	②	③	④
26	①	②	③	④
27	①	②	③	④

もんだい 6

28	①	②	③	④
29	①	②	③	④

にほんごのうりょくしけん かいとうようし

N4 파이널 테스트 2회

ちょうかい

じゅけんばんごう
Examinee Registration
Number

なまえ
Name

もんだい 1

れい	①	②	●	④
1	①	②	③	④
2	①	②	③	④
3	①	②	③	④
4	①	②	③	④
5	①	②	③	④
6	①	②	③	④
7	①	②	③	④
8	①	②	③	④

もんだい 2

れい	①	●	③	④
1	①	②	③	④
2	①	②	③	④
3	①	②	③	④
4	①	②	③	④
5	①	②	③	④
6	①	②	③	④
7	①	②	③	④

もんだい 3

れい	①	●	③
1	①	②	③
2	①	②	③
3	①	②	③
4	①	②	③
5	①	②	③

もんだい 4

れい	①	●	③
1	①	②	③
2	①	②	③
3	①	②	③
4	①	②	③
5	①	②	④
6	①	②	④
7	①	②	④
8	①	②	③

にほんごのうりょくしけん かいとうようし

N4 파이널 테스트 3회

げんごちしき (もじ・ごい)

じゅけんばんごう
Examinee Registration
Number

なまえ
Name

(ちゅうい Notes)
1. 〈くろい〉えんぴつ (HB、No.2) で かいて ください。
   Use a black medium soft (HB or No.2) pencil.
   (ペンや ボールペンでは かかないで ください。)
   (Do not use any kind of pen.)
2. かきなおす ときは、けしゴムで きれいに けして
   ください。
   Erase any unintended marks completely.
3. きたなく したり、おったり しないで ください。
   Do not soil or bend this sheet.
4. マークれい Marking examples

   よい れい   わるい れい
   Correct   Incorrect
   Example   Examples
   ●   ○ ◌ ⊗ ⊘ ⊙ ●

もんだい 1

	1	2	3	4
1	①	②	③	④
2	①	②	③	④
3	①	②	③	④
4	①	②	③	④
5	①	②	③	④
6	①	②	③	④
7	①	②	③	④

もんだい 2

	1	2	3	4
8	①	②	③	④
9	①	②	③	④
10	①	②	③	④
11	①	②	③	④
12	①	②	③	④

もんだい 3

	1	2	3	4
13	①	②	③	④
14	①	②	③	④
15	①	②	③	④
16	①	②	③	④
17	①	②	③	④
18	①	②	③	④
19	①	②	③	④
20	①	②	③	④

もんだい 4

	1	2	3	4
21	①	②	③	④
22	①	②	③	④
23	①	②	③	④
24	①	②	③	④

もんだい 5

	1	2	3	4
25	①	②	③	④
26	①	②	③	④
27	①	②	③	④
28	①	②	③	④

にほんごのうりょくしけん かいとうようし

N4 파이널 테스트 3회
げんごちしき (ぶんぽう)・どっかい

じゅけんばんごう
Examinee Registration
Number

なまえ
Name

もんだい 1

1	①	②	③	④
2	①	②	③	④
3	①	②	③	④
4	①	②	③	④
5	①	②	③	④
6	①	②	③	④
7	①	②	③	④
8	①	②	③	④
9	①	②	③	④
10	①	②	③	④
11	①	②	③	④
12	①	②	③	④
13	①	②	③	④

もんだい 2

14	①	②	③	④
15	①	②	③	④
16	①	②	③	④
17	①	②	③	④

もんだい 3

18	①	②	③	④
19	①	②	③	④
20	①	②	③	④
21	①	②	③	④

もんだい 4

22	①	②	③	④
23	①	②	③	④
24	①	②	③	④

もんだい 5

25	①	②	③	④
26	①	②	③	④
27	①	②	③	④

もんだい 6

28	①	②	③	④
29	①	②	③	④

にほんごのうりょくしけん かいとうようし

N4 파이널 테스트 3회

ちょうかい

じゅけんばんごう
Examinee Registration
Number

なまえ
Name

<ちゅうい Notes>

1. くろい えんぴつ(HB、N2)で かいて ください。
（ペンや ボールペンでは かかないで ください。）
(Do not use any kind of pen.)
Use a black medium soft (HB) or No.2 pencil.

2. かきなおす ときは、けしゴムで きれいに けして
ください。
Erase any unintended marks completely.

3. きたなく したり、おったり しないで ください。
Do not soil or bend this sheet.

4. マークれい Marking examples

よい れい Correct Example	わるい れい Incorrect Examples
●	⊘ ⊖ ◍ ○ ◐ ●

もんだい 1

れい	①	②	③	●	
1	①	②	③	④	
2	①	②	③	④	
3	①	②	③	④	
4	①	②	③	④	
5	①	②	③	④	
6	①	②	③	④	
7	①	②	③	④	
8	①	②	③	④	

もんだい 2

れい	①	②	●	④
1	①	②	③	④
2	①	②	③	④
3	①	②	③	④
4	①	②	③	④
5	①	②	③	④
6	①	②	③	④
7	①	②	③	④

もんだい 3

れい	①	②	●
1	①	②	③
2	①	②	③
3	①	②	③
4	①	②	③
5	①	②	③

もんだい 4

れい	①	②	●
1	①	②	③
2	①	②	③
3	①	②	③
4	①	②	③
5	①	②	③
6	①	②	③
7	①	②	③
8	①	②	③